Eine erzgebirgische Gelehrtenfamilie

Beitrag zur Kulturgeschichte des 17. Jahrhunderts

von

Dr. Johannes Poeschel

Herausgegeben von Peter M.Richter

Verlag von Fr. Wilh. Grunow Leipzig 1883

Bibliografische Information der Deutschen Nationalbibliothek: Die Deutsche Nationalbibliothek verzeichnet diese Publikation in der Deutschen Nationalbibliografie; detaillierte bibliografische Daten sind im Internet über dnb.d-nb.de abrufbar.

TWENTYSIX – Der Self-Publishing-Verlag
Eine Kooperation zwischen der Verlagsgruppe Random House und BoD – Books on Demand

© 2017 Poeschel, Johannes

Herstellung und Verlag:
BoD – Books on Demand, Norderstedt

ISBN: 978-3-7407-3454-1

Vorrede

Dem *sächsischen Erzgebirge* hat sich seit einigen Jahren ein reges Interesse zugewendet, und daß dies geschehen ist, verdankt es zumeist dem erstarkten Selbstbewußtsein seiner Bevölkerung. Nicht wie andere gerühmte Teile unseres Vaterlandes von Auswärtigen gleichsam entdeckt, hat es *selbst* die Blicke auf sich zu lenken und Vorurteile, welche über dasselbe gehegt wurden, zu zerstreuen gewußt.

Besondere Verdienste in dieser Beziehung erwirbt sich der Erzgebirgsverein, welcher, unter dem Protektorate seiner königlichen Hoheit des Prinzen Georg stehend, in zahlreichen Zweigvereinen über das Land verbreitet ist. Zu seinen Zielen gehört es in erster Linie auf die landschaftlichen Reize des Gebirges hinzuweisen und sie, soweit dies nötig, leichter zugänglich zu machen, wobei er sich in steter belebender Verbindung mit gleichgesinnten Vereinen nicht nur der angrenzenden Gebirge, sondern auch in weiterer Ferne erhält. Außerdem aber ist er bemüht, den Wohlstand der Bewohner durch Eröffnung neuer Erwerbszweige an Stelle eingegangener alter zu fördern und in seinem Organe sowie durch belehrende Vorträge auch Teilnahme für die Geschichte des Landes, für seine Sprache, seine Sagen, für den tieferen Sinn seiner Gebräuche und Sitten zu wecken. Und wirklich haben diese Bestrebungen einer

Gesamtheit, von einzelnen Freunden des Volkes ausgehend, auch auf weitere Kreise anregend gewirkt.

Sehr erfreulich ist es, daß die dem heimatlichen Gebirge freundliche Richtung auch der *erzgebirgischen Literatur* ihre Aufmerksamkeit zuwendet und auf Gebieten, wo eine solche noch nicht vorhanden war, sie ins Leben ruft. An Schriftstellern hat es im Erzgebirge nie gefehlt, von den Zeiten der Reformation bis in unsere Tage, vor allem die Erforschung der Lokalgeschichte ist ohne Unterbrechung fortgegangen. Unserem Jahrhundert jedoch - und namentlich die letzten Jahrzehnte sind reich an literarischen Erscheinungen dieser Art - war es vorbehalten, zum Teil auf Grund jener älteren Werke einzelne Äußerungen des Volkslebens und Fühlens zum besonderen Gegenstand der Forschung zu machen.

So wurden die Sagen des Erzgebirges wiederholt gesammelt und sehen jetzt einer abschließenden Darstellung von berufener Seite entgegen; über Aberglaube, Sitten und Gebräuche, über die Weihnachtsspiele und Bergreihen ist in einer Anzahl Schriften gehandelt, eine Sammlung von Volksliedern erst kürzlich herausgegeben worden. Die Mundart des Landes wurde noch rechtzeitig in ihren Lautverhältnissen, ihrer Wortbildung und Flexion untersucht, ehe sie infolge des zunehmenden Verkehrs noch mehr von ihren Eigentümlichkeiten aufgibt; auch Ortsnamen und bergmännische Ausdrücke sind zu wissenschaftlicher Besprechung gelangt. Andererseits sucht man dem Fortleben des Dialektes durch Veröffentlichung von Gedichten und Geschichten in Erzgebirgischer Mundart förderlich zu sein.

Wie sehr aber auch diese durchweg von warmer vaterländischer Gesinnung zeugende Tätigkeit von Laien und Gelehrten zuzunehmen beginnt, so bleibt doch noch ein weites lohnendes Arbeitsfeld in der *älteren Literatur des Erzgebirges*. Mag vieles davon auch zu Grunde gegangen sein, namentlich in dem Jahrhundert des großen Krieges, manches hat doch die Stürme überdauert. Es gibt noch alte wertvolle Drucke, jetzt nur noch vereinzelt in Bibliotheken ruhend, welche der Erneuerung harren, und kostbare Handschriften, wahre Fundgruben für die heimatliche Geschichte, die lange genug im Verborgenem geblieben sind.

Ein Versuch, auf solche literarischen Schätze aus früheren Zeiten wieder hinzuweisen, soll mit dem vorliegenden Schriftchen gemacht werden. Der Verfasser, dem diese Studien bisher gänzlich fremd waren, sah mit Staunen, wie ihm bei nur einigem Nachforschen eine ganz ungeahnte Fülle des Stoffes zuströmte, so reich, daß es schwer fiel, Anfang und Ende zu einer ersten Mitteilung zu finden, und

so anziehend, daß Entsagung nötig war, aus ihr nur zu schöpfen und sie nicht gleich in ihrem ganzen Umfang zu erschließen.

Der Name, welcher den Mittelpunkt der folgenden

Blätter bilden soll, **M. Christian Lehmann**, weiland Pfarrer zu Scheibenberg, wird vielen bekannt sein, ebenso daß er der erste war, welcher das *ganze* Gebirge und nicht bloß einzelne Teile in den Bereich seiner Forschung zog, und daß er das Ergebnis derselben in einem berühmten Buche niederlegte, dem **Historischen Schauplatz derer natürlichen Merkwürdigkeiten in dem Meißnischen Obererzgebirge.**

Aber daß Christian Lehmann außer dem Schauplatz noch eine Anzahl anderer Werke von mindestens gleicher Bedeutung geschrieben hat, daß diese Handschriften zum Teil erhalten sind, von seinem Leben während der Zeit des größten Elendes, das je über das deutsche Volk gekommen ist, davon weiß unsere Zeit nichts mehr.

Wenn wir für einen Schriftsteller aus seinen Werken Interesse gewonnen haben, so ist es natürlich, daß wir dann auch über seine Persönlichkeit und sein Leben gern etwas hören möchten. Dies veranlaßte mich, nach biographischen Spuren von Magister Lehmann zu suchen. Andererseits ist es aber ebenso natürlich, daß wir mit um so größerer Freude die Schriften eines Mannes lesen, dessen Leben und Eigentümlichkeiten uns bereits bekannt sind. In diesem Umstande wieder liegt der Grund, weshalb das hierüber Gefundene zuerst zur Veröffenlichung gelangt; vielleicht wird dadurch in dem einen oder anderen Leser der Wunsch rege gemacht, mit den Lehmannschen Schriften selbst bekannt zu werden.

Daß wir von dem einen Namen aus in der Zeit rückwärts und vorwärts schreitend gleich die Schicksale einer ganzen Familie durch mehrere Generationen hindurch zu schildern versuchen, mag fürs erste wohl befremdlich erscheinen. Allein wir haben hier den seltsamen Fall, daß uns nicht bloß die Werke eines einzelnen Schriftstellers, sondern zum Teil die einer *Schriftstellerfamilie* vorliegen.

Der Schauplatz ist nach dem Tode M Lehmanns von dessen Söhnen weitergeführt worden und zwar in einer Weise, daß der geistige Anteil der Fortsetzer von dem des ursprünglichen Verfassers nur selten zu scheiden ist, und herausgegeben wurde er von den *Lehmannschen Kindern und Kindeskindern* !

Ebenso wissen wir bestimmt, daß eine zweite Schrift von einem der Söhne bearbeitet wurde. So bietet sich Gelegenheit, der *Nachkommen* des Mannes zu gedenken; eine kürzere oder längere Geschichte der *Vorfahren* aber hat man von jeher gern in die Biographien mit aufgenommen.

Sodann ist es auch schon an sich von Interesse, ein bis zu einem gewissen Grade vollständiges Bild von dieser erzgebirgischen Gelehrtenfamilie zu geben. Die zahlreichen Söhne, Enkel und fernere Abkömmlinge eines von Haus aus dem Handwerker- angehörigen Mannes werden wir zu ehrenvollen Stellungen in ihrer Heimat oder in der Fremde gelangen und einzelne die angesehensten Ämter bekleiden sehen. Dabei sind es so achtungeinflößende Gestalten von sittlicher Festigkeit und echter Frömmigkeit, ihr Verhalten in einzelnen Fällen ist oft so lehrreich, daß sie es wohl verdienen, gekannt zu sein. Und endlich werden in dem Rahmen dieser Familiengeschichte die Kulturverhältnisse eines ganzen Jahrhunderts berührt.Die letzteren nehmen sogar bisweilen mehr Raum in Anspruch als der eigentlich biographische Teil, aber die vorliegende Studie will ja zugleich auch einen Beitrag zur Kulturgeschichte des 17. Jahrhunderts liefern.

Denn viel ist es nicht, was sich über die Schicksale dieser zu ihrer Zeit weithin so vielgenannten Familie auffinden ließ, und das Wenige mußte an Hunderten von verschiedenen Stellen aus Lehmannschen und anderen Schriften zusammengesucht werden; nur über den Superintendenten D. Chr. Lehmann fand sich einiges zusammenhängendes Material vor. Um die lästigen Anmerkungen deren schon ohnehin mehr als mir lieb erforderlich waren, tunlichst einzuschränken, sende ich der Arbeit ein Verzeichnis der *hauptsächlichsten* Quellen voraus, und nur an verhältnismäßig wenigen Stellen, wo es, um eine etwaige Nachprüfung zu ermöglichen, unerläßlich nötig schien, ist direkt auf sie Bezug genommen worden, sonst hätte fast auf
jeder Seite der Text vielfach unterbrochen werden müssen.

Ist es doch vielleicht auch so trotz allen

Bemühens nicht immer gelungen, das Mosaikartige der Arbeit zu verdecken.

Manche kleine Züge sind mit aufgenommen worden, welche entbehrlich oder zu geringfügig erscheinen mögen. Allein von Personen, die uns wert sind, halten wir auch die unbedeutendsten Andenken in Ehren, wenn es uns an größeren mangelt, und der Pelzrock Walthers von der Vogelweide ist weltberühmt geworden!

Der vierte Abschnitt ist bedeutend länger geraten als beabsichtigt war, anfänglich sollte er nur anhangsweise eine Aufzählung und kurze Besprechung der Lehmannschen Schriften bringen; nun so möge er denn in seinem größeren Umfange ein Zeugnis davon ablegen, wie schwer es fällt, sich von ihnen wieder zu trennen!

Im Gegensatz zu Magister Lehmann selbst, der sich beklagt, daß es ihm trotz vielfältigen freundlichen Ersuchens an Beihilfe gefehlt habe, muß ich zum Schluß dankbar bekennen, wie mir von allen Seiten, an die ich mich gewandt, bereitwillig Unterstützung zu teil geworden ist. Zu danken habe ich zunächst der *Königlichen öffentlichen Bibliothek zu Dresden,* sowie der *Ratsbibliothek zu Leipzig,* der ersteren ganz besonders, da sie mir das kostbare Manuskript der Lehmannschen Kriegschronik auf längere Zeit zur Benutzung überließ; sodann den Herren *Pfarrer H. Meusel in Elterlein*, der mir in zuvorkommender Weise Auszüge aus seinen Kirchenbüchern mitteilte, *Bürgermeister Pelz* und *Stadtrat Schreiter ebendaselbst* für gütige

Zusendung einiger für Elterlein sehr wertvoller Aktenstücke, *Bürgermeister Schiefer* in Aue, der mir die Benutzung einer Urkunde aus seinem Archiv gestattete, und noch andere Herren, welche mir brieflich freundliche Auskunft erteilt haben.

Endlich noch die herzliche Bitte an die bewährten Forscher auf dem Gebiete sächsischer Altertumskunde, es mir zu gute zu halten zu wollen, daß es der erste Versuch ist, welchen ich in dieser Richtung wage!

Grimma, Dezember 1883 *Johannes Poeschel*

Verzeichnis

der benutzten älteren Saxonia.

Acta , die Chronik der Stadt Elterlein, wie sie sich in der in hiesiger Kirchturmknoppe befindlichen zinnernen Büchse im Original aufbewahrt befindet, enthaltend. (Bis 1862 geführt.) MSC.

Acta , das von Herrn Johann Georg Lehmann zu Dresden beschehene Vermächtnis betreffend, ad 1746. Aus dem Ratsarchiv zu Aue.

Curiositäten-Cabinet , Neueröffnetes Sächsisches Historisches. Dresden, 1745-47. (Citiert: Cur. Sax.)

Dietmann, Gottlob , Die gesamte der ungeänderten Augsb.Confession zugethane Priesterschaft. Dresden und Leipzig 1725.

Dietrich, M. Carl Benj. ‚Kleine Chronik von der freien Bergstadt Scheibenberg . 2 Hefte . Leipzig, 1839 und 1855 .

Grabner, M. Theophilus , D. Christ.Lehmanns Göttliche Führungen. Dresden , 1725

Derselbe , Vita Davidis Theodosii Lehmanni . Chemnitz 1715 .

Grosser, Samuel , Lausitzische Merckwürdigkeiten . Leipzig und Budissin , 1714 .

Kirchenbücher von Elterlein . MSC.

K(nauth) , J.E. , Kurtzer Bericht von den fürnehmsten Historicis des Meißner Landes. Dresden 1708.

Lehmann, M. Christian, Historischer Schauplatz. Leipzig, 1699.

Derselbe , Kriegs-Chronick der Teutschen (bis 1677) MSC.

Derselbe, Nachrichten über das Bergstädtlein Scheibenberg (bis 1679).
MSC

Miscellanea Saxonica von 1768 und 1769 Dresden.

Oesfeld, M. Gotthelf Friedrich, Historische Beschreibung einiger merckwürdigen Städte im Erzgebirge, insonderheit der freyen Bergstadt Lößnitz. Halle 1776.

Retzsch, M. Christ.Gottfr., Gratulationsschrift zu D. Wilckes 50 jähr. Amtsjubiläum. Meißen 1744.

Ranfft, M. Michael, Leben und Schriften aller Chur-Sächsischen Gottesgelehrten, die mit der Doctor-Würde gepranget. Leipzig, 1746.

Richter, Chronik der freyen Bergstadt St. Annaberg. Annaberg o.J. (vor 1746).

Schöttgen und Kreysig, Diplomatische und curieuse Nachlese der Historie von Ober-Sachsen. 5. Teil. Dresden und Leipzig, 1731.

Schreiter, Christoph (Pfarrer in Elterlein, gest. 1814), Kollektaneen, MSC.

Struvius, Burcardus Gotthelf, Bibliotheca Saxonica. Halae 1736.

Tentzel, Wilh. Ernst. Curieuse Bibliothec oder Fortsetzung der Monatlichen Unterredungen u.s.w. Frankfurt u. Leipzig 1704

Wilisch, M. Christ. Friedr., Incunabula Scholae Annaebergensis. Annaebergae, s. a.

Wilisch, M.Christ. Gotthold, Kirchen-Historie der Stadt Freyberg. Leipzig, 1737.

Sieber, Friedrich ,Kulturgschichtliches aus Christian Lehmanns Sittenchronik, Landesverein sächs.Heimatschutz, Heft 1 bis 2, Dresden 1929.

Inhalt

Vorrede	3
Verzeichnis der benutzten älteren Saxonia	11
Inhalt	13
I. M.Christian Lehmanns Vorfahren	14
1. Urgroßvater und Großvater	14
2. M. Christian Lehmanns Vater	18
II. Christian Lehmanns Leben	33
III.M. Christian Lehmanns Nachkommen	63
1.Dr. Theodosius Lehmann	64
2.D. Johann Christian Lehmann	65
Zur literarischen Tätigkeit	
3.M. Immanuel Lehmann	90
IV. M. Christian Lehmanns Schriften	97
1. Historischer Schauplatz	126
Von Zwärgen u. dero Felsen-Löchern ...	141
2. Historia civilis et topographia des Ertzgebirges	151
3. Kriegs-Chronik der Teutschen	153
4. Kirchen-Historie des Ertzgebirges	187
5. Berg-Chronik	188
6. Moral-Chronik	190
7. Hundert Teutsche Episteln	192
8. Annales	192
9. Nachrichten über das Bergstädtlein Scheibenberg	193
10. Descripto Nigromontana	198
Kurzer Rückblick	199
Kulturgeschichtliches aus Chr. Lehmanns Sittenchronik	201
1. Zur Sittenkunde im Allgemeinen	203
2. Zum Aberglauben	207
3. Vom Bergwerk	211
Anmerkungen	214

I.
M. Christian Lehmanns Vorfahren

1. Urgroßvater und Großvater

Petrus Lehmann, der Urgroßvater M. Christian Lehmanns, hatte seine Eltern früh verloren und war daher unter fremden Leuten aufgewachsen. Anfangs lebte er als Bürger und Bäcker in Mittweida, siedelte aber später in die Heimat seiner Frau, nach Annaberg über, und erlangte daselbst, wie es von ihm heißt, aus den Bergwerken einen großen Segen, auch eine Stelle im Ratscollegio.

Am 8. September, dem Tage Mariä Geburt, 1545 wurde ihm ein Sohn geboren, der zu großer Gelehrsamkeit und Erfahrung gelangen und sich und seine Vaterstadt nachmals sehr verdient machen sollte. Von 1561 an besuchte dieser junge Petrus Lehmann das Gymnasium zu Freiberg, mußte aber 1564 seine Schulstudien auf längere Zeit unterbrechen. In diesem Jahr brach nämlich in Freiberg die Pest aus, und deshalb schickten ihn seine Eltern zunächst nach Wien zu seinen bedeutend älteren Bruder, den Doktor beider Rechte Laurentius Lehmann, welcher dort als kaiserlicher Rat und niederösterreichischer

Hofadvokat angestellt war, und von da zu seinem ältesten Bruder Christoph , Bergmeister Kaiser Ferdinands I. in der ungarischen Bergstadt Schemnitz. Er ward von beiden Brüdern freundlich aufgenommen und fand überdies eine Zeit lang bei einem angesehenen Wiener als Hauslehrer Stellung.

Nachdem er seine Gymnasialstudien in Breslau wieder aufgenommen und in zwei Jahren beendet hatte, bezog er 1568 die Hochschule Wittenberg. Er hörte philosophische, besonders mathematische, auch theologische Vorlesungen, hauptsächlich aber studierte er Jurisprudenz*.

26 Jahre alt kehrte er 1571 als Magister philosophiae nach Annaberg zurück, erwarb sich als geschickter Rechtspraktikus einen sehr guten Namen und bekleidete folgende Stadtämter. 1575 wurde er Ratsherr, 1580 Stadtrichter, 1584 zum ersten Male Bürgermeister, bald darauf Syndikus, dann wiederholt Bürgermeister, im Ganzen dreizehnmal, "welches bei Annaberg als ein seltenes Exempel geachtet wurde."[Misc.Sax.a.a.D.S.28]

Reichliche Gelegenheit zum Besten seiner Vaterstadt zu wirken bot sich ihm auch, als er sechsmal auf den Landtag nach Torgau abgeordnet wurde.

In seiner amtlichen Tätigkeit wie in seinem ganzen Wandel offenbarte sich ein frommer Sinn. Die Heilige Schrift soll er siebzehn mal durchgelesen haben, und sein Handexemplar hatte am Rande viel gute Anmerkungen aufzuweisen; dazu war er ein fleißiger Besucher des Gotteshauses, kommunizierte häufig, zeigte sich mildtätig und ertrug vor allem geduldig das ihm auferlegte mannigfaltige Kreuz."Er hatte sich auch selber ein Manuale vom Kreuz aus Gottes Wort zusammengeschrieben, als von dessen Ursachen und Nutzen, und wie man solches getrost überwinden könne und sollte."[Misc.Sax.a.a.D.S.29] Daß er sich auch sonst literarisch beschäftigte, geht aus der einzigen Stelle, an welcher in dem Werke seines Enkels, dem Historischen Schauplatz, seiner gedacht wird, hervor. Dort findet sich eine Mitteilung aus seinem *Diarium*, die auch ein gelehrtes Zitat enthält.

Kirche und Schule genossen seine treue Fürsorge; für die Schulstudien bewahrte er noch von seiner eigenen mühevollen Lehrzeit her ein lebhaftes Interesse, besonders liebte und pflegte er die lateinische Sprache, in ihr legte er regelmäßig die Beichte ab.

Während der letzten Jahre seines Lebens hatte er sehr an Altersschwäche zu leiden, sowie an den Folgen eines Falles, den er als 69jähriger in seiner Scheuer von oben herab auf die Tenne getan. Am 18. Juni 1618 ist er 74 Jahre alt sanft entschlafen.

Das zeitliche Zusammenfallen seines Todes mit den Anfängen des Dreißigjährigen Krieges ist kein ganz zufälliges. Sein Enkel Christian schreibt darüber in seiner Kriegschronik S. 240 : als die Nachricht nach Annaberg gelangte, daß man am 13. Mai in Prag die Stadthalter

Martinitz und Slawata und den Sekretär Fabricius aus den Fenstern der kaiserlichen Burg herabgestürzt habe, sei der alte Mann dermaßen darüber erschrocken, daß er weder essen noch schlafen konnte. "Des tags ginge er vnd wunde die Hände vnd sagte zue seinem Sohne Reymund, einem Bürger zue Caden (Kaaden), als er nach Annaberg kam : Ach ihr Mutwilligen Böhmen, ihr habt außgeworffen in Spiel, daß ihr alles verspielen werdet, denn das Hauß Österreich läßt sich nicht schimpfen. Von dem an hat er fort vmb einen Seeligen todt gebetet vnd ist 5 Wochen danach Seelig gestorben."

Petrus Lehmann war zweimal verheiratet. Im Alter von 29 Jahren vermählte er sich mit Frau Anna, der Witwe eines Bürgers und Gastgebers zu Annaberg, Matthäus Zappen, einer geborenen Körndörferin (ihr Vater hieß Lazarus Körndörfer). Die Ehe währte 26 Jahre und war mit 14 Kindern, nämlich 9 Töchtern und 5 Söhnen gesegnet, von denen ihn aber nur 4 Söhne und 3 Töchter überlebten, darunter der nachmalige Magister Theodosius Lehmann, von dem alsbald ausführlich die Rede sein soll.

1602 schloß er eine zweite Ehe mit Jungfrau Margaretha, der Tochter des Bürgermeisters David Schmied zu Annaberg, die ihm in seinem Alter und bei seinem Ende die beste Pflege zu teil werden ließ. Auch von ihr erhielt er noch Kinder, 4 Söhne und 2 Töchter, doch überlebten ihn davon nur 3 Söhne.

Weniger genau sind wir über das Leben seines

Sohnes Theodosius unterrichtet.

2. M. Christian Lehmanns Vater

Theodosius Lehmann wurde am 11. Juli 1581 zu Annaberg geboren. Am 17. März 1597 wurde er in die Fürstenschule St. Afra in Meißen rezipiert*. Über seine Studienzeit ist nichts bekannt.
Mit 27 Jahren, nachdem er zuvor die Magisterwürde erlangt, kam er als Pfarrer nach Königswalde bei Annaberg. Das Einzige, was uns über seinen Aufenthalt in Königswalde überliefert ist, findet sich in Schauplatz S. 700: Anno 1611 habe der Pfarrer zu K. 3 Forellen zu 3 und 4 Pfund gefangen und sich gute Freunde damit gemacht!
Nach vier Jahren übernahm er schon das Pfarramt zu Elterlein. Bei seinem Amtsantritte schrieb er folgende Worte in das Kirchenbuch: "Anno 1612 den 19. Juli, welches der sechste Sonntag nach Trinit., ist Mag. Theodosius Lehmann von S. Annenbergk, gewesener vierjähriger Pfarrer zu Königswaldta, auf vorhergegangene ordentliche Vocation* und Confirmation auf dem Churfürstlichen Oberconsistorio zu Dresden von dem ehrwürdigen, achtbaren und wohlgelehrten Herrn M. Theodoro Albino, Pfarrer und Superintendent auf S.Annenbergk investiret und eingeweiset worden ins Pfarramt dieses Bergstädtleins Elterlein in Beisein des ehrenfesten

und ehrenwohlgeachteten H. Friedrich Türcke, Churfürstlichen Amtsschössers der Ämter Schlettau und Grünhain. Gott gebe und verleihe seine Gnade, daß beide, Lehrer und Zuhörern , solches zur ewigen Seligkeit, der ganzen heiligen Dreifaltigkeit aber zu Ehen und zur Fortpflanzung des reinen unverfälschten Wortes gereichen möge !"

Von den Drangsalen des Dreißigjährigen Krieges, welche für unser Erzgebirge hauptsächlich vom Jahre 1631 an begannen, wurde auch Elterlein schwer heimgesucht. Wenn es auch zu Kämpfen seltener, zu größeren Schlachten bei der Schwierigkeit des Terrains wohl nie kam, so waren doch die fast unausgesetzten Durchzüge der infolge der langen Kriegführung verrohten Heere nicht leichter zu ertragen. "Das gute Gebirg", so sagt Christian Lehmann einmal in der Kriegschronik (S.685), "wahr wie die Zwischenthür vnd Angel. Vnd die so im mittleren Gemach wohnen, von unten herauff haben sie Rauch vnd Stanck, von oben herab Kehrigt vnd Staub vnd werden begoßen. Den es muste alle Partheyen von Freundt vnd Feindt erdulden, sie speisen, außlösen, fördern vnd hausen lassen."

Der Pfarrer sah sich oft genötigt, mit seinen Kirchkindern die Flucht zu ergreifen und hielt sich dann wochenlang mit ihnen im Walde auf. Was dies zu damaliger Zeit heißen wollte, davon können wir uns nach den Schilderungen seines Sohnes eine rechte Vorstellung machen.

Vor Kaiserlichen und Schweden flüchtete man und

fand in den Wäldern dafür andere schlimme Feinde in den wilden Tieren, vor allem Bären und Wölfe. Jagden wurden in den Jahren 1630 - 1650 wegen der fortwährenden Kriegsunruhen nicht abgehalten, daher mehrten sich diese Tiere in schrecklicher Weise und wurden über die Maßen zudringlich. Die Wölfe liefen in Scharen zu 10 und 20 wie Hunde sogar in die Städte und Dörfer, suchten vor den Türen und Fenstern ihre Nahrung, Überreste von geschlachtetem Vieh, welche die Soldaten auf den Gassen liegen ließen. Hunde raubten sie ohne weiteres von den Ketten oder von der Seite ihrer Herren weg. Großen Schaden richteten sie unter dem Wildbestande an. Das arme Wild nahm seine Zuflucht in die Dörfer und Flecken und suchte bei den Menschen Hilfe. In Scheibenberg sah man im Winter 1639 ganze Herden auf dem Gottesacker und in den nächstliegenden Grasgärten; aber auch hier waren sie nicht sicher, denn sobald es Nacht wurde, kamen die hungrigen Wölfe, zerstreuten das Wild, rissen hier und da ein Stück nieder und verzehrten es. Früh fand man dann im Schnee einen blutigen Schlachtplatz neben dem anderen. Den Bewegungen der Durchziehenden Heere folgten ganze Rudel und fraßen, was an Menschen, Pferden, Hunden oder Vieh tot liegen blieb. Natürlich verfolgten sie auch die flüchtenden Einwohner, und wenn auch eine größere Anzahl sich ihrer erwehren konnte, so fielen ihnen doch einzelne und besonders Kinder häufig zum Opfer.

Nicht minder zahlreich und dreist waren die Bären geworden, in den vierziger Jahren zählte man über 30 Paare alte Bären, die mit ihren Jungen über Menschen und Vieh herfielen. Auch sie kamen in Gehöfte und Städte, raubten aus Häusern und Ställen, sodaß man um ihretwillen um Vieh und Hütten Feuer unterhalten mußte.

Als Pastor Theodosius Lehmann 1634 mit seiner Gemeinde im Geyerischen Walde lag, hatten sie viel von Bären auszustehen und wußten sich nicht anders zu helfen, als das sie viele Töpfe voll Fleisch vor die Waldhütten setzten. Damit lockten sie aber die Tiere erst recht an, die nun um so häufiger und zahlreicher kamen und "mit Brüllen und Blasen" ihren Raub forderten. Und noch andere Feinde hatte man zu bekämpfen, Hunger und Durst, und im Winter grimmige Kälte. Wie oft gingen den bedrängten Gebirgern die Lebensmittel aus und konnten nur mit äußerster Mühe und Gefahr wieder beschafft werden; oder feindlich Haufen setzten ihnen nach und raubten ihnen das Wenige, das sie mitgenommen. Als 1640 der schwedische General Baner in der Fastenzeit mit seiner Armee aus Böhmen floh, brachten die Leute aus der Annaberger Gegend zum Teil ihre bewegliche Habe in die Stadt, die Mehrzahl von ihnen aber flüchtete, wie gewöhnlich, mit ihrem Vieh und sonstigen Besitz in die Wälder. Da jagten ihnen die Soldaten, etwa tausend Mann stark, nach, durchsuchten drei Tage lang die Wälder und plünderten alles was sie fanden. In solchen Zeiten gab es dann bittersten

Mangel, und mancher zog es vor, sich während der Verfolgung über Felsen und Gerölle herabzustürzen, als langsam zu verhungern.

Noch entsetzlicher war es , wenn die Flucht mitten in der rauhesten Jahreszeit erfolgen mußte. So suchten sich 1637 die Landleute aus der Freiberger Umgegend im harten Winter während der Monate Januar, Februar und März vor den Schweden zu retten. Da sind im Gebirge viele zu Grunde gegangen, Kinder und Kranke in den mitgenommenen Betten, die Schwangeren vor Furcht und Schrecken, und auch die Männer verdarben und starben vor Leid und Kälte. (Schauplatz S.315)

Der Aufenthalt im Walde war auch sonst noch an Gefahren reich. Die Hütten, welche man aufschlug, konnten nur ganz dürftige sein und boten daher wenig Schutz gegen die Witterung, häufig benutzte man auch gleich natürliche Tannenzelte, wie man sie von ästereichen und ineinander verwachsenen Bäumen gebildet fand. Wenn nun ein Sturmwind kam mit Sausen und Brausen und mächtige Stämme rings um die Geflüchteten zu Boden geschlagen wurden,da mußten sie jeden Augenblick darauf gefaßt sein, von den stürzenden Bäumen zerschmettert zu werden. Am 14.Oktober 1633 wütete solch ein furchtbarer Orkan. Da erwies der gütige Gott seinen allgewaltigen Schutz an flüchtigen Gebirgern. Einundzwanzig Personen hatten ihre Hütten unter eine dicke Tanne gebaut, die fielen unter dem Heulen des Sturmes auf ihre Knie und beteten. Um 9 Uhr warf der Wind eine zweiklafterige Tanne auf ihren Baum, der blieb aber eine Elle hoch über ihren Hütten am Baume lehnen, und die andächtigen Flüchtlinge kamen alle mit dem Leben davon.

Hatte man in Erfahrung gebracht, daß die Ortschaften von den Kriegsvölkern wieder verlassen waren, und kehrte Heim, so fand man die Wohnungen wüste und ausgeplündert, wenn nicht gar in Trümmern. In den erhaltenen Häusern hatten sich inzwischen andere unliebsame Gäste heimisch gemacht, wilde Katzen, welche, so weit dies noch möglich war, viel Schaden anrichteten. Sie raubten und naschten, was etwa noch zu finden war, dabei vermochten sie sich sogar starker Hunde zu erwehren, und ihr Biß war gefürchtet. Diese mußten erst wieder weggeschossen oder gefangen werden; war ihnen das Fell abgestreift, so sahen sie den Hasen nicht unänhlich, und man empfand eine gewisse Freude, als 1643 ein schwedischer Soldat in solcher Täuschung eine abgezogene Wildkatze raubte. "Solchen Jägern gehört auch solch Wildpret!"

Das bestellen der Felder unterblieb oft gänzlich, oder man warf den Samen gleich auf die Stoppeln aus und mußte ihn dort aus Furcht vor umherstreifenden feindlichen Abteilungen oft vier bis fünf Wochen lang uneingeeggt liegen lassen. Höchstens wagte man sich bei Nacht einmal an die Arbeit, dann spannten sich Männer und Weiber an die Eggen; häufig aber ersparten sie sich das Eggen, freilich auch das Einernten, die wilden Schweine, welche nachts mit Haufen kamen und den Samen aufleckten.(Kriegschronik S.528) Zum Schutze gegen sie wurden die Zäune anderthalb Ellen hoch, fest und dicht gemacht, aber es half doch nichts; brachen die Tiere einmal im Herbst in einen Acker ein, so verdarben sie in einer einzigen Nacht ein großes Stück.

Die Schilderung dieser Mühseligkeiten und Gefahren hat uns etwas weit geführt, aber nur so war es möglich, einigermaßen einen Begriff davon zu geben, was die armen Landgemeinden auf der Flucht und auch nach ihrer Heimkehr erdulden mußten. Daß solche Verhältnisse auch auf die Gesundheit ihren nachteiligen Einfluß äußern, ist natürlich. Schon im Jahre 1630 fühlte sich Theodosius Lehmann zu schwach, um seinen Amtsgeschäften allein genügen zu können; daher erhielt er von diesem Jahre an einen Substituten.

Besondere Leiden, wie für die Ortschaften des Erzgebirges überhaupt, so auch für Elterlein brachte das Jahr 1632. Der kaiserliche General Holcke* hatte im August das Voigtland erobert und zog nun von Zwickau aus, das er nach viertägiger Belagerung eingenommen, über Schneeberg, Aue und Lauter nach Schwarzenberg, von da im Grunde aufwärts über Wildenau, Raschau, Mittweida, Markersbach, Scheibe nach Scheibenberg und Schlettau, und seine Crabaten (Kroaten) verübten in diesen und den angrenzenden Ortschaften allenthalben unbeschreibliche Greueltaten. Am schlimmsten

aber scheint es Elterlein während des zweiten Holckischen Einfalls am 27. Dezember, also dem dritten Weihnachtfeiertage, 1632 ergangen zu sein. Die Schweden belagerten Zwickau und ließen von da aus ihre Abteilungen an den Pässen im Gebirge umherstreifen, um auszukundschaften, ob sich die Kaiserlichen in Böhmen rühren würden, um Zwickau zu entsetzen. Unter anderen war hiermit besonders der Obristenleutnant Lorenz Ambrosius betraut. Vom 2. Dezember an lag derselbe mit 150 Dragonern, meist Franzosen, in Annaberg und spielte der Stadt übel mit. Die Summe, die er in wöchentlichen Raten von ihr erpreßte, belief sich über 1500 Thaler. Nachdem er den 22. und 23. Dezember in Scheibenberg zugebracht, quartierte er sich am 24., dem Weihnachtsheiligabend, in Elterlein ein. Alsbald ermittelten seine Leute, daß der Feind sich in Böhmen sammle, und auf die Kunde hiervon ließ er die Bauern in den Ämtern aufbieten, sich in Elterlein einzufinden, scheinbar zum Widerstande gegen die Heranrückenden. Zu ihrem Glücke leisteten jedoch nur wenige Folge. Es hatte nämlich folgende Bewandtnis damit.
Ambrosius, der *schwedische* Offizier, war ein Duzfreund des *kaiserlichen* Obristenwachtmeisters Melchior Moser, der am 16. Dezember bei Weipert von Bauern treuloserweise angefallen und beraubt worden war, und hatte von diesen die Aufforderung erhalten, den Bauern ihre Beute wieder abzunehmen. Nur wenig davon ward eingeliefert,

dagegen wurden unschuldige in Ketten und Kerker geworfen. Bis zum 27. Dezember blieben die Schweden in dem Städtchen und "fraßen und soffen" ,wie Christian Lehmann schreibt (Kriegschronik S. 358), während die Elterleiner Bürger die Wache übernehmen mußten. Da meldeten ausgesandte Abteilungen, daß die Feinde von Preßnitz auf Schlettau marschierten. Um sich selbst davon zu überzeugen, ritt Ambrosius spornstreichs auf eine Höhe bei Hormersdorf und traf erst gleichzeitig mit den Kaiserlichen wieder in Elterlein ein. General Holcke hatte nämlich sein Fußvolk in Schletta liegen und die Crabaten in vollem Trabe durch den Schlettaer Wald gegen Elterlein vorgehen lassen. Früh um 10 "kamen sie angehauen"(so Chr. Lehmann) und trafen auf dem Pfarrgute mit ihren Gegnern zusammen. Nach kurzem Kampfe, in welchem 8 Schwedische erlagen, wendeten sich diese zur Flucht und überließen ihre Bagage, sowie die von den Bauern eingelieferte Beute den Holckischen. Nur mit Mühe entkam Amrosius mit seinen flüchtigen Dragonern zu Herzog Bernhard von Weimar, welcher damals bei Harteinstein lag. Inzwischen verfuhren die Crabaten überaus grausam und unmenschlich mit den Einwohnern. 18 Personen wurden sofort getötet, darunter auch der Bote des Amtsschössers zu Grünhain, 43 andere wurden tötlich oder doch sonst schwer verwundet.

Die Einzelheiten des Überfalles spotten aller Beschreibung. Der Oberst des Regiments hieb dem alten Stadtrichter Nikolaus Groschupf ein Stück aus der Hirnschale, daß man zwei Finger in die Vertiefung lagen konnte. Der Fleischer Hans Tober erhielt einen Schuß durch die Schultern, auch Hand und Nacken wurden ihm zerhauen, und doch besaß er noch Kraft genug, zu entlaufen und sich ins Heu zu verstecken. Beide lagen drei Tage unverbunden und sind dennoch wieder genesen und ziemlich alt geworden.

Auch die Pfarre wurde nicht geschont, wie die Soldaten ja überhaupt gegen die Geistlichen keine Rücksichten kannten, im Gegenteil gerade an diesen ausgesprochenen Vertretern des Protestantismus alle mögliche Bosheit verübten. Georg Petzold, Pfarrer zu Niederschönau, wurde im kaiserlichen Einfall kreuzweis durch den Kopf geschossen, trotzdem blieb er am Leben. (Schauplatz S.916) Die Pfarrer zu Crossen und zu Erdmannsdorf, sowie der Substitut des letzteren wurden in der Ausübung ihrer Amtsverrichtungen erschossen, ein anderer unter den fürchterlichsten Martern in Stücken gehauen und den Hunden zum Fraß vorgeworfen . (Vernichtungszug Holckes S.11 u. 34) Der alte Pfarrer in Elterlein wurde so mißhandelt, daß er vier Wochen lang außer Stande war, sein Amt zu verrichten. Sein Substitut, *Johann Teucher* , machte einen Versuch zu entfliehen, beim Eingang in den Kirchhof aber ward ihm durch einen Säbelhieb der Kopf bis auf die Nase gespalten, sodaß er augenblicklich tot war. Noch jetzt wird auf dem Pfarrhofe zu Elterlein eine

Stelle gezeigt, welche sich bei Regen rot färbt: hier sei vor Zeiten ein Pastor erschlagen worden. Teucher soll übrigens in der Nacht vor seinem Tode einen beängstigten Traum gehabt haben: ihm war, als wenn er dreimal gerufen würde, darüber erwacht stand er auf und sah zum Fenster hinaus, als er jedoch niemand sah noch hörte, fiel er in große Wehmut, betete und befahl sich Gott. Am anderen Morgen früh m 10 Uhr ging seine trübe Ahnung in Erfüllung.(Schauplatz S.788) Mit dem Morden ging eine allgemeine Plünderung Hand in Hand; was auch nur eines Pfennigs wert war, wurde mitgenommen. Auch noch in anderen Dingen offenbarte sich die Rohheit der Holckischen Furien: da es an Gefäßen mangelte, wurden auf den Gassen Löcher ins Eis gehauen, mit Bier gefüllt und so die Pferde getränkt; Getreide, Brot, Bibeln und andere Bücher verunreinigten sie auf die denkbar gemeinste Weise. Frauen und Jungfrauen waren dem Schlimmsten preisgegeben, selbst unmannbare Töchter wurden von den Crabaten geschändet und auf den Pferden mit fortgeführt. Die Frau eines Papiermachers, Anna Meelhörnin, deren besondere Umstände sie vor den Unmenschen nicht zu schützen vermochten, wurde auf der Flucht nach den Wäldern eingeholt und beinahe vollständig entkleidet. In der folgenden Nacht fand sie nicht weit von der Papiermühle zu Schwarzbach infolge der Kälte ihren Tod und wurde am Sonntage nach Weihnachten zugleich mit ihrer Schwester, die eines natürlichen Todes gestorben war, beerdigt. Die Gedächtnispredigt über die Worte: 'Weine nicht'(Luc. 7, 13) konnte Pastor Lehmann freilich erst einen Monat später, am 27. Januar 1633, halten, nachdem er sich von den empfangenen Verletzungen notdürftig wieder erholt hatte.

Um zu erfahren, wie es mit Zwickau stünde, ließ Holcke 1000 Mann durch den Wald in die Richtung nach Zwönitz marschieren, die aber vor Schnee und Morast nur schwer fortkommen konnten. Unterwegs stießen sie auf 400 schwedische Reiter. Während sie sich mit diesen messen und beiderseits Gefangene Machen, erscheint plötzlich Generalmajor Stalhans, der mit 1000 Pferden beim Kirchhof in Dorf-Chemnitz stand, und jagt die Crabaten über Hals und Kopf durch den Wald. Der Zweck der Rekognoszierung ward allerdings auch so erreicht, denn man brachte in Erfahrung, daß Zwickau seit zwei Tagen gefallen und Herzog Bernhard im Anmarsch sei. Darüber entstand unter den Kaiserlichen eine solche Furcht, daß sie "die Fische überm Feuer und das Essen auf dem Tisch stehen lassen und davon geeilet." Der Rückmarsch begann nachmittags um 4 Uhr und währte die ganze Nacht hindurch, deren Dunkel sie durch das Niederbrennen von Gehöften erhellten. Um 1 Uhr morgens waren die 16 000 Mann Kaiserliche bereits wieder über den Wald! Zur Vergrößerung des Schreckens trug eine List des schwedischen Generals Tupadel nicht wenig bei. Derselbe ließ in Zwönitz, im Zwönitzer Wald, in und um Grünhain ein Wachtfeuer neben den anderen anzünden, daß es den Anschein hatte, als wenn die ganze schwedische Macht umherläge.

Als Nachfolger des erschlagenen Johann Teucher in dem Amte eines Substituten wurde vom Oberkonsistorium der damals erst 21jährige Sohn des Elterleiner Pfarrers, Christian Lehmann, berufen. Am Sonntag Oculi 1633 hielt er in der größten Kriegsgefahr seine Probepredigt. Als der Vater 1638 wieder völlig hergestellt war, daß er seinem Amte allein vorstehen konnte, erhielt Christian das Pfarramt zu Scheibenberg (siehe nächsten Abschnitt).

Eine regelmäßige Führung der Kirchenbücher war in jenen bewegten Zeiten unmöglich. So finden sich in den Tauf- und Sterbenachrichten nach den letzten Einträgen vom 20., bez. 21. Mai 1632 die nun folgenden größeren Lücken erklärt: Teucher hatte, als er ermordet wurde, die Verzeichnisse der Getauften und Gestorbenen bei sich gehabt, um sie zu retten, und so waren sie verloren gegangen. Die eine dieser Bemerkungen schließt mit den Worten: "GOtt helfe uns, daß wir uns allerseits bekehren und dergleichen Jammer nimmermehr erfahren mögen! Amen." Allein wieviel dergleichen Jammer sollte noch folgen. Die Sterbenachrichten vom Jahre 1634 enthalten nach dem letzten Eintrag vom 11. April den Zusatz: "Wegen der *vielfältigen* feindlichen Einfälle sind diese Kirchenregister neben anderen Büchern vergraben gewesen und etlicher verstorbener Personen Namen, so auf Zettel gebracht, ganz verrissen und verloren worden; Gott gebe uns einmal nach seinem allein guten Willen den längst gewünschten Frieden um CHristi willen ! Amen."

Vierzehn lange schwere Kriegsjahre standen noch bevor, und der jene Worte schrieb, sollte den ersehnten Frieden nicht erleben, sondern gelangte zehn Jahre zuvor mitten aus den Drangsalen seiner Zeit heraus zur ewigen Ruhe. Kurz vor seinem Tode mußte Theodosius L. noch einmal vor dem Feinde fliehen und wandte sich diesmal nach seiner Vaterstadt Annaberg. Auf der Rückreise von dort rührte ihn am 27.Januar 1642 der Schlag, nicht weit von seiner Gemeinde, bei den Brünnlaßgütern zwischen Scheibenberg und Elterlein. Seinem Schulmeister soll zuvor geträumt haben, die Kirche wäre eingefallen. (Schaupl. S.790)

Am Donnerstag nach dem 4. Epiphaniassonntage fand das Begräbnis des vielgeprüften Mannes statt. Die Sterbenachricht über ihn lautet : "Den 27. Januar ist in GOtt sanft und selig (durch den Schlag) verschieden rever.atque doctissimus M. Theodosius Lehmannus, animarum Elterlinensium pastor an die 30 Jahr; die 30. Jan sepultus est honorifice aetatis suae 61 ein halb Jahr."

Seine Erben ließen 1698 sein Bildnis mit einer Inschrift versehen in der Kirche zu Elterlein aufhängen. Vielleicht ist Theodosius Lehmann der Verfasser einer Schrift de juribus ac privilegiis senum, wenigstens wird sie in Jöchers Gelehrtenlexikon II, S. 2345 unter seinem Namen erwähnt. Außerdem veröffentlichte er einige Leichenpredigten, z.B. eine am 31. Januar 1625 über Anna Kleinhempelin, die Stifterin eines kleinen Legates für die Kirche zu Elterlein, gehaltene, die in Halle gedruckt worden ist, sowie die oben erwähnte vom 27. Januar 1633, in der er sich über den Einfall der Kaiserlichen überhaupt verbreitete, in Halberstadt gedruckt.

Verheiratet war Theodosius dreimal, zuerst mit Jungfrau Susanna, Tochter des Pfarrers Bartholomäus Thiele zu Forchheim, dieselbe starb bereits am 21. Juli 1615, erst 25 ein halb Jahre alt, nachdem sie ihm eine Tochter, Sophie, später Gemahlin des Pfarrers Johann Graffner in Breitenbrunn, und zwei Söhne geboren, von denen der ältere unser Schriftsteller Christian war. Die zweite Ehe mit Rosina, hinterlassene Tochter des Ratsherrn Matz (Matthes) Hofmann zu Elterlein, wurde bereits am 15. Januar 1616 geschlossen. Von den 5 Kindern aus dieser Ehe starb eine Tochter Susanna im Alter von 4 Jahr und 7 Monaten, zwei Söhne, beide nach dem Vater Theodosius genannt, schon nach 9 bzw. 5 Monaten; zwei andere Töchter, welche die Namen der ersten und zweiten Frau Lehmanns führten Susanna und Rosina, verheirateten sich noch bei Lebzeiten ihres Vaters in Elterlein. Als ihm die zweite Frau, ebenfalls noch jung, mit 31 Jahren, am 2. Februar 1626 gestorben war, vermählte er sich am 30.Juli desselben Jahres zum dritten Male mit Martha von Schmerzing, der hinterlassenen Tochter Herrn Rudolfs von Schmerzing Erbsessen auf Schleinitz, doch blieb die letzte Ehe ohne Kinder.

II

M. Christian Lehmanns Leben

Christian Lehmann wurde am 11. November 1611 in Königswalde geboren, ein halbes Jahr bevor sein Vater nach Elterlein übersiedelte. Schon mit 10 ein halb Jahren, am 9. Juni 1622, ward er in die Fürstenschule zu Meißen aufgenommen .(Kreyssig, Afraner-Album S.118) Hier blieb er , fast immer krank, bis zum Jahre 1625 unter dem Rektorate Johann Bechmanns, der nachmals ein so trauriges Ende finden sollte. Er stammt aus Braunschweig, war von 1609 - 1632 Rektor , wurde, nachdem er Alters halber, am 2. August 1632 in Gnaden entlassen worden, am 25. Oktober desselben Jahres von einem kaiserlichen Fähndrich erschossen.
Als Kuriosum sei erwähnt, daß erst *nach* Christian zwei *Brüder seines Vaters* , Friedrich und Chrysostomus, Söhne aus der zweiten Ehe des Bürgermeisters Petrus Lehmann, der eine sogar erst von 1627 an, die Meißner Fürstenschule besuchten!
Von St. Afra begab er sich auf Wunsch seines

Vaters nach Halle, woselbst er Kurrendaner* wurde; nachdem er die Pest glücklich überstanden hatte, siedelte er 1628 nach Guben in der Niederlausitz über und endlich, als ihn 1631 der Krieg von hier vertrieb, nach Stettin. Dort wurde er zunächst in der Stadtschule unterrichtet, bis er endlich in dem Paedagogium regium illustre Aufnahme fand. Wann und wo er eigentlich seine akademischen Studien gemacht hat, wann er Magister geworden, darüber ließ sich nichts ermitteln. Fest steht wieder, daß er im Jahre 1632 bei einem Pfarrer zu Löckenitz in Pommern Hauslehrer war. (Schauplatz S. 570. Dort erzählt Lehmann, wie in Löckenitz während seines Aufenthaltes daselbst ein Vater und sein Kind infolge der giftigen Bisse eines Wolfes gestorben seien.)

Wie früher schon bemerkt, kam er kurz vor Ostern 1633 als Substitut seines Vaters nach Elterlein, und zwar als er sich eben zur Fortsetzung seiner Studien hatte nach Wittenberg begeben wollen.

Drei Jahre später verheiratete er sich mit Euphrosyne Kreusel, Tochter des Stadtrichters Kreusel in Elterlein, die kaum ein Jahr jünger war als er. Eine Schwester derselben wurde die Gemahlin des Leutnants, späteren Rittmeister Henning von Busch. Die Beziehungen zu dessen Familie sind auch später von den Lehmannschen Kindern sehr gepflegt worden. Ein Georg Henning von Busch und Rosenbusch, Herr auf Zauchau u.s.w., jedenfalls ein Sohn des genannten

Rittmeisters, wird als erster von den vier wohlgeborenen, hochedlen, gestrengen etc. Herren aufgeführt, denen der Schauplatz zugeeignet ist. In der Widmung (Schaupl. S X.), die von den Lehmannschen Kindern und Kindeskindern unterzeichnet ist, wird desselben in folgender Weise gedacht : "Die nahe Blutsverwandtniß, von Jugend auf gepflogene aufrichtige Freundschafft, und fast brüderliche Liebe mit uns Lehmannischen Kindern ist uns Verbindung genug, daß wir dem Herrn Busch und Rosenbusch, der in Elterlein seinen ersten Blick in die Welt gethan, hierbey ein Zeichen unserer schuldigen Großachtung an den tag legen sollen." Als in Elterlein das Bedürfnis nach einem Substituten nicht mehr vorhanden war, wurde Christian im April 1638 als Pfarrer nach Scheibenberg berufen, nachdem sein Vorgänger daselbst, Gregorius Goldammer, nach achtjähriger Amtsführung durch drei friedhässige Leute von seinem Dienst gebracht worden war. Vorher, so erzählt er selbst (Schaupl. S.787) habe ihm geträumt, daß er bei damaliger Winterzeit in dem Pfarrgarten zum Elterlein so schön gegrünet, von einem Wind aufgehoben, über Berg und Tal nach Scheibenberg geführt und auf des Pfarrers Stuhl gesetzet worden, da er dann im Hause nichts gesehen als zwei Hühner, die schon aufgeflogen waren. [*zum Elterlein,* so heißt es fast immer in der älteren Sprache; Elterlein = Altärlein soll nämlich seinen Namen haben von einem *Altar*, der in früherer Zeit in Ermangelung einer

Kirche hier die Stätte des Gottesdienstes bezeichnete.

In den Jahresrechnungen der Kirche zu Scheibenberg werden die Kosten angeführt, welche die Probepredigt (bereits im Jahre vorher gehalten) und des neuen Herrn Pfarrers Investitur* verursachten, bei der letzteren betrugen sie 19 Thaler 5 Groschen 11 Pfennige, und es werden dabei die materiellen Genüsse bis ins Einzelne aufgezählt. Diese unwesentliche Notiz ist das einzige, was sich in den Kirchenbüchern von Scheibenberg über Christian Lehmann noch auffinden ließ!

Auf die lokalen Verhältnisse Scheibenbergs vor und zu seiner Zeit werden wir bei der Besprechung einer im Manuskript gebliebenen kleinen Schrift Lehmanns über dieses Bergstädtchen kurz zu reden kommen; jetzt sollen nur einige persönliche Beobachtungen und Erfahrungen, wie sie Lehmann im Schauplatze, namentlich über die Witterungsverhältnisse, hie und da mitteilt, zusammengestellt werden.

Wenn er auch selbst im Gebirge aufgewachsen war, so mußte er sich doch an die rauhere Luft des hoch und frei gelegenen Städtchens erst allmählich gewöhnen. Er wendet auf sich die Worte eines ehemaligen Pfarrers zu Elsterberg im Vogtlande an : Me deus huc locorum eiaculatus est in oppidulum tale, ubi videamur in quodam hypogeo degere extra anni solisque vias.-Locus tamen, homines, proventus sunt tolerabiles, et me sensim dedi in consuetudinem.(Schaupl.

S.426)
Der Winter brachte für den Geistlichen viel Beschwerden, vor allem der Verkehr mit den Filialen war ein mühsamer und bisweilen sogar mit Gefahren verbunden. Als am 2. März 1646 die Oberscheibner wegen des hohen Schnees ihre Kinder nicht nach Scheibenberg zur Taufe bringen konnten, so mußte er mit den Gevattern zu ihnen hinreiten; zu solchen Wegen brauchte er oft eine Menge Leute, die ihm mit Schneeschaufeln durch große Windwehen hindurch halfen. Daß Leute, besonders auf dem Heimweg nach dem Städtchen, verweht wurden und erfroren, war nichts seltenes. In dem genannten Jahre 1646 hatte es vom 7. bis 11. Januar ohne Aufhören geschneit, daß es die Kirche zu Scheibenberg an allen Türen verwehte und man am Kirchhof über die Mauer gehen konnte. Daher mußte am Sonnabend Vesper und Beichte unterbleiben, und damit am Sonntag Gottesdienst gehalten werden konnte, trieben acht Männer einen Stollen durch den Schnee zum Kirchturm und schafften so Platz für die Kirchgänger.

Im Jahre 1660 am 2. Advent, an welchem von den Zeichen des jüngsten Tages gepredigt zu werden pflegt, glaubte man nicht anders, als daß derselbe wirklich anbrechen wollte. Ein unerhörter Sturm, der im ganzen Gebirge und weit darüber hinaus viel Schaden anrichtete, wütete auch über Scheibenberg. Als die Leute aus der Kirche nach Hause gehen wollten, meinte jedermann, der Sturm werde die Kirche eindrücken, der Wind hob die Leute in die Höhe und warf sie wieder zu Boden, schleuderte sie gegen die Mauern, riß ihnen Hüte, Mützen, Schleier und Schauben* herab, jagte die Menschen im Sprung und laufend auf die Türen zu, daß manche sich lieber auf allen Vieren kriechend fortbewegten.

Überschwemmungen trafen Scheibenberg bei seiner hohen Lage nur selten. Es war daher ein auffallendes Vorkommnis, das sich 1661 ereignete. In der zweiten Hälfte des Juli und Anfang August hatte es anhaltend, oft wolkenbruchartig geregnet. Am Abend des 6. August fiel ein neuer starker Platzregen, als wenn Ströme sich ergössen. Vom Scheibenberg schossen vier Bäche herab, jeder stark genug, um zwei Mühlräder treiben zu können. In der Kirche stieg das Wasser bis dreiviertel Elle hoch, Steine von 4 bis 6 Zentner Gewicht wurden von der Flut auf die Häuser gewälzt, Keller, Küchen und Stuben füllten sich bis zu Bankhöhe, daß die Leute reichlich zu tun hatten, um sich des Wassers zu erwehren. Die Scheibenberger Mühle ward unter Wasser gesetzt und das ganze Wiesenrevier glich einem See. Weit schlimmer erging es natürlich den talabwärts nach Schwarzenberg zu gelegenen Ortschaften.

Wie sein Vater so hatte auch Christian während der Kriegsjahre viel Ungemach zu erleiden, auch er mußte mit seinen Parochianerrn die Stadt wiederholt verlassen und die Wälder aufsuchen. Der Scheibenberg selbst bot Schlupfwinkel, in den man vorübergehendes Unterkommen fand; auf seiner Höhe, von der aus sich eine weite Fernsicht bietet und bei nächtlicher Stille Glockenklang und Trommelschlag meilenweit gehört werden konnte, wurden alsdann Wächter aufgestellt, welche durch Niederwerfen von aufgesteckten Stangen mit Strohwischen ihre Leute von dem Herannahen feindlicher Abteilungen benachrichtigten; und General Holcke fürchtete sich bei seinem Einfalle 1632 nicht wenig vor diesem Berge. Dennoch wurden die Flüchtigen dreimal vom Feinde darauf überrascht und bis in das höchste Gehänge verfolgt. Viele retteten sich durch einen kühnen Sprung über das Pfeilergestein herab, unter ihnen ein Knabe von 15 und ein Mädchen von 13 Jahren, welche Hut und Schaube fahren ließen und lieber mit Lebensgefahr in die Wacken* herabsprangen, als sich gefangen gaben. Hab und Gut verbarg man in die Schächte, alte Wolfsgruben, unter Meiler, das bare Geld in die Wipfel hoher Tannen, sich selbst und seine Kleider in Felsen und hohle Bäume, wie denn Christians Priesterrock sechs Wochen in einem solchen zugebracht hat. Aber die Feinde suchten auch da, fehlte es doch selbst an Verrätern nicht, die um eignen Vorteils willen die Verstecke verrieten, in denen ganze Gemeinden ihr Mobiliar geborgen hatten.

In der Fastenzeit 1639 hatten die Kirchenväter aus Scheibenberg ihren einzigen guten Kelch, etliche 30 Taler wert, in eine Kluft des Berges versteckt und mit Steinen versetzt; die Soldaten des Schwedengenerals von Königsmark fanden

ihn trotzdem, brachten ihn ihrem Feldprediger, und dieser nahm ihn samt einer Schachtel mit Kirchenbrot, die er von Altar geraubt, mit fort. Mehr Glück hatte im folgenden Jahre ein vermögender Handelsmann, der Eisenhändler Abraham Hegen, dem die Schweden nachsetzten, als sie die Wälder von Gottesgab plünderten. Pastor Lehmann sah, wie er in einen stehenden Stock (Baumstamm) kroch, von seinem Weibe mit Moos verdeckt ward und auf diese Weise entkam.
Das Elend der in die Wälder Geflüchteten, wenn größere feindliche Scharen ihren Aufenthalt ausgespürt hatten, ist unglaublich. Die Beschreibung eines solchen Überfalles, bei welchem auch Lehmann selbst und sein Weib von den Soldaten roh mißhandelt wurden, soll im letzten Abschnitt als Textprobe aus der Kriegschronik zum Abdruck gelangen.
Im Walde wurden Betstunden und Predigten gehalten, auf Baumstümpfen die unter so traurigen Umständen geborene Kinder getauft, sogar Eheschließungen fanden statt. Bei Steinbach wurden die Eheleute an einem Quell getraut, der davon den Namen Traubrunnen erhielt (Schaupl. S.253). Ebenso wurde für die leiblichen Bedürfnisse gesorgt, so gut es ging, und wie als Taufsteine so mußten die Baumstöcke auch als Verkaufstische für Fleischer und Brotträger dienen. Schnöde Spekulation wußte auch diese elenden Verhältnisse auszunützen. Zwei Scheibenberger hatten 1640 zwei Schlitten voll Brot von Joachimsthal mit in den Wald

gebracht, doch wollten sie nicht eher davon verkaufen, als bis es noch mehr im Preise gestiegen war; und als eine wohlhabende Frau ihnen ein hohes Angebot machte, gaben sie ihr zur Antwort: "Do sehet ihr Reichen, die ihr das Korn auffn Boden habt, wie es Armen thut!" Sie wurden bestraft für ihren harten Sinn : die Soldaten raubten ihnen den gesamten Brotvorrat. (Kriegschronik S.573)

Zu solchen Zeiten größter Unsicherheit erfuhr die Familie des Pfarrers zweimal eine Vermehrung. 1640 wurde sein ältester Sohn Theodosius zu Annaberg , wohin die Mutter geflohen war, in - einem Braubottige geboren, und die Wochen der Gefahr mußte die arme Euphrosine in einer hohlen Eiche im Walde überstehen. Nicht viel weniger Not und Angst erduldete sie bei ihrem vierten Kinde, Johann Christian, im Dezember 1642. Als sich die Kunde von dem feindlichen Einfalle verbreitete, mußte sie vor der Zeit und trotz des strengen Winters zur Kirche gehn und fiel infolge von Schrecken und Erkältung in eine ernste Krankheit, sodaß sie nicht mit fliehen konnte, sondern daheim abwarten mußte, was über sie und ihr Kind ergehen würde. Da sandte ihr über Erwarten ihr Schwager Henning von Busch, der als Leutnant in schwedischem Dienste stand, von Annaberg aus eine Sauvegarde nach Scheibenberg, die sie vor allen Unbilden schützte. Die fromme Frau erblickte darin die Erfüllung eines Segenswunsches, mit welchem ihr eine sterbende Annabergerin gedankt hatte, als sie bei ihrer letzten Flucht, kurz vor der Geburt dieses Sohnes, derselben in schwerer Krankheit nach Kräften beistand. Die Kranke hatte gehört, wie die treue Pflegerin sich die ganze Nacht mit ihren siechen und schreienden Kindern abmühte, da war sie in die Worte ausgebrochen :"O! wie seid ihr nicht ein armes geplagtes Marterholz! Nun der Gott Abraham, der Gott Isaak und der Gott Jakob sei bei euch und behüte euch, daß ihr nun und nimmermehr aus eurer Wohnung der Feinde wegen mehr fliehen dürft." Die stete Furcht, in der die Mutter schon die Monate vorher bei dem täglichen Kriegslärm, den häufigen Plünderungen und Einfälle feindlicher Parteien geschwebt hatte, blieb auch auf das Kind nicht ohne nachhaltigen Einfluß; wenigstens führte man dessen Schüchternheit und Furchtsamkeit zum Teil mit darauf zurück. Auch der nachmalige Schwiegersohn Lehmanns und Nachfolger im Pfarramt zu Scheibenberg, Wolfgang Grabner, soll unter ähnlichen Verhältnissen zur Welt gekommen sein.

Wollten wir die Schicksale Scheibenbergs während des dreißigjährigen Krieges, in welche die Persönlichkeit seines Pfarrers wiederholt verwebt ist, im Zusammenhang schildern - es wäre dies bei genauem Studium der *geschriebenen* Kriegschronik eine zwar mühsame aber auch lohnende Arbeit, so würden wir, um nicht unverständlich zu sein, oft sehr umständlich sein und vieles andere mit hineinziehen müssen. Darum sei hiervon zunächst abgesehen, und nur ein paar vereinzelte kleine Episoden mögen hier ihren Platz finden.

Als 1640 sich General Königsmarck durch das Gebirge aus Böhmen zurückzog, kam am 6. März, Freitag nach Reminiscere, eine berittene Abteilung, 150 Mann stark, gegen Mittag von Schletta nach Scheibenberg. Sie brachen in die Häuser ein und verübten alle mögliche Bosheit. Brandschatzung zu erpressen gelang ihnen nicht, da die Mehrzahl der Einwohner das Städtchen verlassen hatte; so war nicht weiter zu finden als Bier, denn auch Brot und Fleisch war nicht mehr vorhanden. Das reizte ihre Wut erst recht, sie zerschlugen Türen, Fenster und Öfen, nahmen Pfarrer Lehmann und den Schulmeister, während diese fliehen wollten, gefangen, beraubten sie der Schuhe und anderer Habseligkeiten, die sie bei sich hatten. Den Schulmeister zogen sie an den Haaren in der Stube auf und nieder und zwangen ihn, durch den tiefen Schnee den Weg nach Elterlein zu zeigen. Dort verfuhren sie ähnlich, nur mit etwas mehr Erfolg, sie nahmen Bürger gefangen, hielten ihnen die gespannte Pistolen vor oder setzten ihnen den Degen auf die Brust und nötigten ihnen so ihr Geld ab. Sieben Tage darauf kam wieder ein kleiner Reitertrupp, nur 50 Pferde, nach Scheibenberg, sie tranken das noch übrige Bier weg und , weil sie kalte Stuben fanden, so legten sie allenthalben auf den Tischen Feuer an. Die Stadt würde sicher ein Raub der Flammen geworden sein, wären nicht nach Abzug der Rotte die Bürger aus ihren Verstecken hervorgekrochen und hätten das Feuer in den Häusern gelöscht. In ähnliche Gefahr kam Scheibenberg wiederholt, und nicht immer wurde man des Feuers gänzlich Herr. Predigt und Beichte mußten unter solchen Verhältnissen viele Wochen lang ausgesetzt werden. Sehr übel erging es Scheibenberg auch bei dem Durchmarsch kaiserlicher Truppen im Oktober 1647. Eine gewisse Ahnung des Bevorstehenden hatte den Rat veranlaßt, sich mit der Bitte um eine Sauvegarde an General Holzapfel* zu wenden. Sie sandten zwei Ratsherren zu ihm nach dem Weinberg (Weipert), woselbst er er gerade lag, und ließen ihm zugleich ein Geschenk für die Küche überreichen, nämlich Wildpret, Bier, Butter, auch Futter u.a. Wirklich erreichten sie ihren Zweck und erhielten 10 Reiter. Allein durch den eigennützigen Sinn und die Unvorsicht eines damals in Scheibenberg lebenden Kämmerers und Eisenhändlers Abraham Hegen sollte alles wieder verdorben werden. Derselbe gab sich für einen kaiserlichen Eisenfaktor aus, weil er mit dem Pachtinhaber eines kaiserlichen Hammerwerkes in Kupferberg in Geschäftsverbindung stand, nahm die Sauvegarde in sein Haus, verpflegte sie auf Unkosten der Gemeinde und - betrank sich mit ihnen. Die Scheibenberger wähnten sich schon sicher unter dem glücklich erlangten Schutze, da sandte aus der Mipe (Mittweida) General Cronsfeld am Abend des 7. Oktober seinen Hofmeister an den Rat und verlangte

Diskretionsgeld* oder Naturalien, weil seine Regimenter noch einige Tage in der Gegend liegen bleiben würden. Der Hofmeister wurde an den betrunkenen Kämmerer gewiesen, aber obwohl dieser die Mittellosigkeit der Stadt vorschützte und sich auf die von Holzapfel ihnen gewährte Sicherheit berief, so gab der Abgesandte dennoch nicht zufrieden. Es kam zu einem Wortwechsel, und Hegen ließ sich zu giftigen und höhnischen Stichelreden hinreißen, sodaß der Hofmeister im Zorn davonritt und die erfahrenen Beschimpfungen seinem General klagte, zum großen Unheil für Scheibenberg . Was half es, daß der Rat noch an demselben Tage Hafer , Hühner u.a. , im Werte von 8 Talern, durch einige Männer nach der Mipe schickte ? Der General wies das Geschenk nicht nur zurück mit den Worten : " Meinen sie denn, ich bin ein Bettler ?" sondern es ward auch zur Strafe für das Städtlein auf der Stelle der gesamte Stab mit 1000 Musketieren und einer Abteilung Artillerie nebst den dazu gehörigen Pferden dorthin kommandiert. Anfangs wollte niemand in Scheibenberg das angedrohte Unglück glauben. Allein bereits am nächsten Morgen, den 8. Oktober, früh um 8 Uhr rückten die bairischen Quartiermeister mit vielen Pferden in den Ort ein; mit großer Brutalität hieben sie alle Schlagbäume vor und in den Gassen entzwei, was ihnen im Wege stand stürzten sie drunter und drüber, und beim Quartiermachen verfuhren sie nicht "nach richtiger Austeilung der Bürgerschaft," sondern ganz willkürlich legten sie ihre Offiziere in Häuser oder Scheunen, wo sie noch einigen Vorrat an Futter und Getreide fanden. Auch in die Pfarre drangen sie ein, erbrachen Türen, zerhieben die Schläge davor, erstachen den Kettenhund, jagten das Vieh aus den Ställen und machten Raum für ihre Pferde, die so hoch waren, daß sie nur mit Mühe durch die niedrigen Pfarrtüren hineingezogen werden konnte. Dieses Treiben veranlaßte Pastor Lehmann, dem anmarschierenden General entgegenzugehen und durch seine Bitten Gewalt und noch ärgere Tyrannei abzuwenden. Da bot sich ihm denn ein schrecklicher und doch zugleich lächerlicher Anblick. Kampfbereit rückte die starke Heeresabteilung gegen das harmlose Städtchen heran. Die Stücke wurden auf dem "Knöchelacker" aufgepflanzt, die 1000 Musketiere stellten sich zu beiden Seiten der Straße auf, überdies hielt am Walde Obrist Druckmüller mit 1000 Pferden, als gelte es - die Festung Scheibenberg zu beschießen und zu erstürmen. Die Offiziere selbst empfanden das Lächerliche dieses Vorgehens und schickten wenigstens die Artillerie wieder in den Grund zurück. Kaum für die Offiziersquartiere bot die Stadt genügenden Raum, geschweige denn, daß auch die Mannschaften hätten untergebracht werden können; diese lagen auf dem Markte und den unteren Gassen, machten alles, was über und unter der Erde verborgen war, ausfindig, daß die arme Bürgerschaft unter dieser Einquartierung wahrhaft entsetzlich zu leiden hatte. Aller Vorrat an Getreide, Futter und Vieh wurde aufgezehrt oder fortgeschleppt, die Leute geängstigt und mit den ekelhaften Soldatenkrankheiten angesteckt, daß nachher viele an Kummer oder Seuchen zu Grunde gingen.

Am besten kam wieder der Kämmerer weg, er bestach den Generalquartiermeister und kaiserlichen Obristen Grafen Margemont mit einer Summe Geldes und erlangte so, daß er keinen Offizier ins Haus bekam. Der erzürnte General Cronsfeld selbst kam bei Theophilus Groschupf zu liegen, ein Generalleutnant der Kavallerie zum Richter Harnisch. Um die Pfarre war ziemlicher Streit. Anfangs war derselben ein Generalleutnant der Infanterie, namens Holtz, ein Lutheraner, zugedacht, auf Befehl des Generals aber wurde er beim Bergmeister Christoph Dietrich untergebracht. Christoph Dietrich war Mitglied der kurfürstlichen Kommission, welche 1628 vom 30. September ab die Zechen befuhr, eingerissene Mängel abschaffte, einige Beamte absetzte und alte nützliche Gewohnheiten wieder einführte (Kriegschronik S.306). Dann wollte sich der Hofmeister des oben erwähnten Obristen Druckmüller mit Gewalt daselbst einquartieren, aber ein kaiserlicher Kommissarius vertrieb ihn mit 36 Pferden, und diese wurden nunmehr dem Pfarrer zugewiesen. Der Kommissarius hielt vier Stunden lang Kriegsrat mit dem General, ließ inzwischen durch seine Reiter die nächsten Häuser aufbrechen, worinnen zehn Fuder Heu lagen, die dem Pfarrer zustanden, und gab sie den Soldaten auf der Gasse Preis, sowie der Wache, welche auf der Hutweide, hundert Schritt von der Kirche hinter dem Pfarrgarten, stand. Außerdem mußte Pastor Lehmann - ein wahrer Hohn auf die bereits erlittenen Unbilden - dem Quartiermeister eine Diskretionssumme bezahlen, dafür auch noch eine Sauvegarde verpflegen und hatte zum Schaden endlich noch den Spott, daß er von den Soldaten, namentlich von vier Pfaffen, "wohlgeplagt" wurde. Am 9. Oktober schon marschierten die Unholde wieder ab nach Lauter und richteten das ganze Thal zu Grunde, da sie es ärger trieben als Feinde. Der *eine* Tag hatte den Scheibenbergern allein 2600 Taler gekostet, und als auf kurfürstlichen Befehl im Amte Schwarzenberg der in diesen Tagen von den Kaiserlichen zugefügte Schaden abgeschätzt wurde, belief er sich auf 50000 Taler. (Kriegschronik S.701) Für Scheibenberg war das ein enormer Verlußt, wenn man bedenkt, daß ein Pfarrsubstitut nur 27 Taler, 23 Groschen und 6 Pfennige *jährliches* Einkommen hatte.

Von Seuchen, welche den dreißigjährigen Krieg so vielfach begleiteten, wurde Scheibenberg dank seiner gesunden und reinen Luft verhältnismäßig wenig berührt. Nach dem Holckischen Einfall 1633 waren 52 Personen an der Pest gestorben, welche damals durch eine Frau aus Crottendorf eingeschleppt worden sein soll. (Schaupl. S.986) Verhängnisvoller war das Jahr 1639; in diesem scheinen zwei Krankheiten in Scheibenberg grassiert zu haben, welche etwa 100 Personen hinrafften. Im Schaupl. S.977 wird nämlich erzählt, daß die Soldaten eine schädliche Krankheit hinterlassen hätten, an der die Nachbarn um die Pfarre herum weggestorben seien, und sodann S. 990, die Stadt sei durch einen aus Prag heimkehrenden Scheibenberger mit der Pest angesteckt worden. Da die Seuche an fünf Enden der Stadt ausbrach, so kam der Rat auf den Verdacht, der Totengräber habe *eine Leiche nicht recht gelegt* und damit seine Zauberei getrieben. Derselbe wurde genötigt, das Grab zu öffnen und die Leiche, die schon drei Wochen in der Erde gelegen hatte, wieder vorzuzeigen. Der Verdacht bestätigte sich natürlich nicht, die Leiche wurde richtig befunden, die Untersuchung hatte aber zur Folge, daß die Umstehenden von dem aus dem Grabe dringenden Pestgeruch ergriffen wurden und so noch einige Häuser mehr ausstarben. Auch das Pfarrhaus wurde von der Pest heimgesucht, doch blieb die Familie des Pfarrherrn vor Ansteckung wunderbar bewahrt. Die Magd, mit sechs Pestdrüsen behaftet, trug ein Töchterchen Lehmanns von anderthalb Jahren nach Elterlein, ohne daß es dem Kinde etwas geschadet hätte. Auch die Kinderfrau mußte mit der Magd umgehen, blieb aber ebenfalls verschont. Frau Euphrosyne, damals noch dazu Wöchnerin, wurde von einer Nachbarin, deren vier Töchter krank lagen, um einen Trunk Bier gebeten, und reichte ihr das Gewünschte ohne Schaden für sich. Pastor

Lehmann selbst berichtet von sich mit Dank gegen Gott, daß er viel Kranke in Pesthäusern besucht, ihnen das heilige Abendmahl gereicht habe und dennoch gesund geblieben sei. Überhaupt scheint sich Christian Lehmann von Haus aus einer guten Gesundheit erfreut zu haben, würde er doch sonst kaum imstande gewesen sein, selbst während und nach den Drangsalen des Krieges das Gebirge so fleißig nach allen Richtungen hin zu durchwandern, was ja zu seiner Zeit mit ganz anderen Anstrengungen verbunden war als heutzutage. Wie er die auf solchen Wanderungen gesammelten Erfahrungen und Beobachtungen verwertete, werden wir später sehen.

Mit der Zeit stellten sich auch bei ihm kleinere und größere Leiden ein; so gebrauchte er fünfmal Karlsbad gegen Milz- und Hämorrhoidalbeschwerden mit gutem Erfolge, und der Aufenthalt daselbst bot ihm willkommene Gelegenheit, seine Kenntnisse des Gebirges auch nach Böhmen zu durch eigene Anschauung zu erweitern. Mehr aber als in dem vielfältigen Gebrauche der Arzneien und Gesundbrunnen erblickte er selbst die Ursache seines im alleineinen guten Befindens darin, daß er der Weisung des Hippokrates immer nachgelebt habe, nach welcher die Gesundheit auf zwei Stücken beruhe, Mäßigkeit und unverdrossene Arbeit. So habe er auch die ihn bei seinem angeborenen "melancholischen Humor" bisweilen anwandelnden schwermütigen und traurigen

Gedanken nicht wie bei Italiener durch Schlaf, nicht wie die Franzosen durch Singen, auch nicht wie gemeiniglich die Deutschen durch Trinken und Spielen gebannt, sondern durch erhöhte Anstrengung, insbesondere durch literarische Thätigkeit. Im Jahre 1667 merkte er eine bedenkliche Abnahme seiner Kräfte, die ihn eine Unterstützung in seinen Amtsgeschäften wünschen ließ, eine Nachwirkung der unsäglichen Leiden und Entbehrungen während der langen Kriegsjahre. Deshalb rief er seinen Sohn Christian von Wittenberg ab. Als dieser aber zu Hause ankam, fühlte sich der Vater wieder leidlich wohl und schickte ihn zur Fortsetzung seiner Studien nach der Universität zurück. Die Besserung war jedoch nur eine vorübergehende gewesen, es stellten sich plötzliche Anwandlungen von Schwindel und Ohnmacht ein, sodaß er mehrmals mitten in der Predigt abbrechen und von der Kanzel gebracht werden mußte. Das Bedürfnis nach einem Substituten erschien nunmehr unabweisbar, und das Oberkonsistorium bewilligte ihm als solchen von 1668 an auf sieben Jahre eben seinen Sohn Christian. Trotzdem kam er, soweit es ihm irgend möglich war, allen Amtsgeschäften selber nach, und nur im äußersten Falle gönnte er sich eine Erleichterung. So kam es, daß seinem Substituten im ersten Jahre nicht mehr an Arbeit zufiel als eine Nottaufe; erst im dritten Jahre taufte er zum ersten Male in der Kirche und machte auch einen Anfang zum Beichtesitzen.

1675 glaubte sich Pastor Lehmann trotz seiner 64 Jahre wieder so weit gekräftigt, daß er sich der Unterstützung seines Sohnes nicht mehr bedürftig hielt, und verwaltete nun noch volle 13 Jahre sein Amt allein. Ein Leiden des Alters hatte sich schon ziemlich früh bei ihm eingestellt, das Ausfallen der Zähne, und er rühmte es am Ende seines Lebens als ein Wunder Gottes, daß er 24 Jahre ohne Zähne habe leben, essen, beten, singen und predigen können.

Die Stellung zu seiner Gemeinde wenigstens zu einem Teile derselben, ist nicht ungetrübt geblieben, doch lassen sich nur wenige unbestimmte Andeutungen darüber finden. Nach Cur.Sax. 1746 S. 292 hatte Magister Lehmann "viel Plackereien von bösen Leuten auszustehen", und Dietrich, dessen Quelle hierfür mir unbekannt geblieben ist, schreibt: trotz seiner Verdienste um Stadt, Kirche und Pfarramt sei er von seinen Parochianern einmal schwer angefochten und zur Verantwortung gezogen worden. Vielleicht ist hierin auch ein Grund dafür zu suchen, warum er sich nicht entschließen konnte, eine seiner Schriften zu veröffentlichen, obwohl er von Landsleuten , wie von Auswärtigen darum angegangen wurde. "Er hat seine *erheblichen Ursachen* gehabt, warum er solches bei seinem Leben nicht bewilligte", schreibt der Herausgeber des Schauplatzes, sein Sohn Johann Christian jedoch ebenfalls, ohne sich deutlicher darüber auszusprechen.

So mag der alte Bergmeister, Herr Christoph

Dietrich, dem das 1646 erbaute neue Rathaus mit seinem schwarz und weißen Anstrich so wohlgefiel, seinen guten Grund gehabt haben, warum er unter die mit eigener Hand in die weißen Felder geschriebenen Ermahnungen an die lieben Scheibenberger auch die Worte mit aufnahm :

>Mit deiner lieben Geistlichkeit
>Thue friedlich leben ohne Streit,
>zu rechten Zeit den Sold ihr geben
>Und ihr aufs beste allzeit pflegen.

Lehmann selbst hat nirgends Gelegenheit genommen, eine Verstimmung laut werden zu lassen, doch scheint sein Herz mehr an Elterlein als an Scheibenberg gehangen zu haben, wie aus der knappen Skizze seines Lebens Schaupl. S.1 wohl geschlossen werden darf: "Königswald hat mich Anno 1611 ans Licht gebracht, Elterlein erzogen und *geliebt*, Scheibenberg soll mich begraben." Für Scheibenberg, wo er doch zwei Drittel seines Lebens zugebracht, hat er keinen freundlichen Zusatz.

Die Erziehung seiner Kinder war, wie es die Zeit, in der sie aufwuchsen, erforderte, eine äußerst einfache und strenge. Die ihnen gereichte Kost soll nach Wilisch (Freiberger Kirchenhistorie II,S.47 aus Grabner,S.3) in "elendem schwarzen Brote, Milch, Schoten, Krautstrünken in Wasser gekocht, und anderen dergleichen rohen Speisen" bestanden haben. Seine völlige Mittellosigkeit schien es ihm unmöglich zu machen, einen seiner Söhne studieren zu lassen. Darum wollte er, daß der älteste, Theodosius, weil er etwas stark war, ein Schmied, der mittlere, Christian, weil er die Feder wohl führte, ein "teutscher Schreiber", und der dritte, Immanuel, weil er gar schwach, ein Schneider werden sollte. Den beständigen Bitten ihrer frommen Mutter hatten sie es zu danken, daß sie dennoch studieren durften; wenn auch die Mittel dazu vorläufig nicht ausreichten, so ließ ihr Vertrauen auf Gott, "der bisher noch immerzu in Gnaden über sie gewaltet", sie gleichwohl hoffen, er werde das wenige segnen, daß es zulange. So ward aus dem einen ihrer Söhne schließlich ein Konsistorialpräsident, aus dem anderen ein Doktor der Theologie und Superintendent, aus dem dritten ein Archidiakonus! Der Weg dazu führte allerdings durch viel Opfer für die Eltern und Sorgen und Entbehrungen für die Söhne selbst hindurch, aber auch durch viel unverhoffte Segnungen und Freuden.

Den ersten Unterricht genossen die Söhne im elterlichen Hause, teils durch den Vater selbst, teils durch Hauslehrer. Dann erhielt Theodosius eine Freistelle auf der Fürstenschule zu Grimma, Immanuel wurde im Alumneum der Schule zu Annaberg untergebracht, und für Christian machte der Rektor der Schule zu Chemnitz, M. Albinus Seyfried, ein Hospitium - wir sagen jetzt Pension - ausfindig zu einem Preise von fünf Groschen drei Pfennigen wöchentlich und nahm sich auch sonst seiner auf das freundlichste an. Hier in Chemnitz ließ ihn der Vater, als er den ältesten Sohn, der zu Besuch in Scheibenberg gewesen war, wieder nach Grimma begleitete, ganz unvermutet zurück, währen der Knabe geglaubt hatte, er sei nur als Reisegefährte mitgenommen worden. Da war nun der vierzehnjährige schüchterne Christian als Sekundaner zurückgeblieben, ohne Abschied von den Seinigen, ohne Bücher, ohne Wäsche, jedoch nicht ohne väterlichen Segen und viele gute Erinnerungen. Aber selbst das geringe Kostgeld vermochte der Vater kaum zu beschaffen, geschweige denn Bücher, und als Christian ihn bat, ihm einen Cornelius Nepos zu schicken, ermahnte er ihn, dieses Buch, weil es nur eines Fingers dick wäre, sich abzuschreiben und ein Blatt zu den Annotatis dazwischen zu lassen: Mit der Ängstlichkeit dieses Sohnes hatte er wenig Nachsicht. Bei einer nächtlichen heftigen Feuersbrunst war der Knabe, der etwas derartiges noch niemals erlebt hatte, so erschrocken, daß ihm aller Schlaf und Appetit verging und er nicht anders glaubte, als daß sein Ende da sei. Deshalb nahm er in einem bewegenden Briefe von seinen Eltern Abschied. Als Antwort darauf erhielt er folgenden Brief, in welchem sich die ganze Strenge, aber auch das felsenfeste Gottvertrauen des Vaters offenbarte :

"Lieber Sohn, den Brand höre ich ungern, viel ungerner, daß du so erschrocken bist. Bist du denn aber ein Jude, oder verdammter Türcke, daß du dich so fürchtest? sey unverzagt, du bist GOttes Kind, dir muß nicht ein Haar vom Haupte fallen ohne seinen Willen. Du hast die heiligen Engel bey dir. Du betest, wir beten vor dich. Das ist ja nicht umsonst. Der Feuer-Teufel hat an dir keine Macht, und du wirst nicht sterben, denn GOtt bedarf deiner noch in der Welt. Feuer ist eine Strafe GOttes. Bete du fleißig, so wird es dich nicht treffen; thue darbey das deine, so wirst du sicher seyn in deinem Beruff. Erschrick also nicht ein andermal, denn eben darum bist du draussen, daß du einen getrosten Muth haben und Mores lernen sollst. GOtt gebe dir Hertz, Stärcke und Muth an Leib und Seel, durch CHristum."

Grabner hat noch einige Stellen aus Briefen des ehrwürdigen Pfarrers an seine Söhne mitgeteilt, die hier ihren Platz finden sollen, da sich aus ihnen die Eigenart des würdigen Mannes, wie sie uns auch im Schauplatz Seite für Seite entgegentritt, vortrefflich erkennen läßt, sein durch die mannigfachsten eigenen Erfahrungen gereifter praktischer Sinn, der in allen Fällen des täglichen Lebens sowie in wissenschaftlichen Fragen guten Rat erteilt, sein unverwüstlicher Humor, der auch der unbehaglichsten Lage eine heitere Seite abzugewinnen weiß, seine Abneigung gegen alle Klagen über das, was einmal nicht zu ändern ist, und seine aufrichtige Frömmigkeit, welche immer und immer wieder den Blick zu dem lenkt, an dessen Segen alles gelegen ist.

Als ihm sein Sohn Christian von der Thomasschule aus schrieb, er müsse bei dem dort herrschenden Veteranismus viel Zeit versäumen und könne daher wenig lernen, erhielt er zum Trost folgende Antwort :
"Sind wenig gelehrte Pürschlein da, so sey du es, und werde bald gelehrt, damit du mit dem ersten Examine in primam Classem kömmest. Die geringe Mühe, Waßer und Speise zu hohlen, ist nicht supra vires. Ovod igitur mutari neqvit , ferendum est. Bleibst du länger da, so müßen dir die andern auch wieder auffwarten."
Die Neigung Christians zur Musik erregte in dem Vater die Besorgnis, er möchte die Schulstudien darüber vernachlässigen, darum ermahnte er ihn am 30. März 1659 :
"Bete und thue das deine, so viel du kannst, jetzt in denen langen Sommer=Tagen. Lege einen Grund in Grammaticalibus et Dialecticis. Ließ nicht mehr denn einen Autorem, daß er dir geläuffiger wird, und du mit ihm reden und schreiben kannst. *Quäle dich nicht mit unnützen Sachen.* Ließ die Bibel fleißig. Lerne nur alle Wochen einen Haupt=Spruch, so hast du einen großen Schatz zum künfftigen Predigt=Amte. Das Compendium Hutteni lerne auswendig und im Grunde verstehen. So hast du genug zu thun. Übe dich in der Lateinischen Sprache, daß du sie perfect reden kanst. Kanst du mehr Griechisch ja nicht lernen, so lerne doch das Testament verstehen. Dieses ist mein Wille und Rath, dein Nutzen, und befehle dirs auff deine Seele."

Im Jahre 1664 entsandte er seine beiden jüngeren Söhne Christian und Immanuel nach der Universität Wittenberg, und so wie er sonst zu tun pflegte, wenn er seine Kinder in die Fremde schickte, so ging der alte Vater auch diesmal mit ihnen in die Kirche, kniete mit ihnen vor dem Altare nieder und betete inbrünstig für sie. Hierauf begleitete er sie zu Fuß über eine Meile weit bis in den Zwönitzer Wald, gab ihnen unterwegs noch allerhand gute Lehren und Ermahnungen, und als es zum Abschiede kam, kniete er nochmals mit ihnen unter einem Baume nieder, segnete sie unter herzlichem Gebet und entließ sie und ihre drei Begleiter, unter ihnen Wolfgang Grabner, mit den Worten :
"Der Herr behüte euern Ausgang und Eingang von nun an bis in Ewigkeit!" Dies alles geschah ohne jede Gemütsbewegung seinerseits, während die Söhne sich der Tränen nicht zu enthalten vermochten.
Auf einen Brief, in welchem sie die mancherlei Erlebnisse und Unbequemlichkeiten dieser Reise schilderten, schrieb ihnen der Vater am 24. Juli 1664 :
"Seyd ihr naß worden? GOtt hat euch wieder getrocknet. Hats geregnet? Euch in bonum omen, daß ihr sollet wachsen, und in Eruditione gedeyhen. Habt ihr in Leipzig acht Tage warten müssen? Ihr habt fein ausgeruht. Habt ihr Geld anworden ? Das hätte auch daheime geschehen können. Seyd ihr in der Hitze gegangen? Es hat ein Trunck desto besser geschmecket. Vos Alberti

Magni*, hättet ihr nur frühe und auff den Abend reisen und in der Hitze sub umbra schalffen sollen. Habt ihr keinen warmen Bissen unter Weges gehabt, so habt ihr doch gehabt die Wärme davon, und Gebratenes an euch selber. Im Sommer isset man Bier und Brod, und im Winter nur hitzigen Hirsebrey, den man von Leipzig noch warm nach Wittenberg bringen kan. Du thust mir Rechnung über 6 Rthlr. 16 Gr. die aufgegangen. Wer kan aber vorüber? Ich danke GOtt, daß ihr frisch und gesund nach Wittenberg kommen, und eingewohnt seyd. Du machest mir auch nahmhafft, die Tage=Reise von Leipzig nach Düben, Kemberg, etc. in welchen es so hitzig, matt und blutig gewesen. Die warnen euch, daß ihr solche Strassen in Wittenberg nicht ziehen solt, die Stube und Läden bewahren, nicht zancken und sauffen, sonst kommet ihr nach Dieben und Kempffberg (?). GOtt bewahre euch dafür! Es ist bald geschehen um einen Studenten."

In Wittenberg mußten sie sich anfangs kümmerlich behelfen, sie wohnten in einem Stübchen auf dem Collegio, hatten ihre Kost in der Kommunität, und Christian scheint sich bei seiner zaghaften Natur wieder mit viel Sorgen gequält zu haben. Schon fünf Tage nach dem ebenerwähnten Briefe ließ der Vater einen zweiten an sie abgehen vom 29.Juli 1664 :

"Habt ihr kein gut Wasser daselbst, auch kein gut Bier, so bildet euch ein, ihr seyd zu Wittenberg an der Elbe, und nicht in unserm Gebürge an

Wasser=Flüssen, Mulde, Tschopa, und Flöhe. Hütet euch daselbst vor dem Wasser=Trincken, sonderlich aus denen Cisternen, und geduldet euch, biß ihr Gersten=Wasser krieget mit Hopffen gesotten. Ists hart? seyd wieder hart. Ists hitzig? seyd frostig, gehet nicht sehr aus, bleibet im Schatten, und temperiret die Wittenbergische Ungelegenheit mit Geduld und Sehnsucht, als wenn ihr zum Scheibenberg wäret, und einen frischen Trunck Kofent trincket. Weiter kan ich nicht helffen. Ihr seyd in Studenten=Krieg gezogen, da müsset ihr nun fechten, schantzen, Frost, Hitze, Hunger, Durst, aber nicht Sünde, leyden. In Ungarn= und Türcken=Kriege geht es viel schlimmer her, da verschmachten die Soldaten vor Hitze und Hunger, an Pest und rother Ruhr, daß ihrer täglich 50. 60. sterben. Ihr möget euch hüten für Zerbster Bier, sonsten des Sommers gute Zier, es kreucht aber euch in Beutel und in die Nasen, daß ihr niesset, und wenn ihr kein Geld mehr habt, dafür darbet und *büßet* . Du, Christiane, beschwerest dich über das wüste Logement im Kloster pro 4 fl. Ich aber sage, daß es euer Glück sey. Im Kloster muß es stille und andächtig seyn. GOtt weiß wohl, daß ihr nicht viel Wesen machet, und künfftig Pfäfflein werden sollet. Darum, nachdem die Gäste sind, bekommen sie auch Qvartier. Wenns nicht anders seyn kan : Cedite necessitati. Seyd fleißig, und fromm, nehmet die Gesundheit in acht, damit ihr nicht das Geld dem Apotheker geben müsset. Lernet euch in die Studenten Weise schicken, daß

ihr nicht viel Straffe geben müsset. Vexatio dat intellectum. Lasset euch nicht finden, wo man schwimmet, schießet, balget, schmausset. Hohlet euch zur Noth ein Kännlein Bier auf die Stube, und trinckets in der Stille allein aus, so seyd ihr mit GOtt sicher. Wenn GOtt will, und wir beyderseits leben, will ich euch pro 50 Rthlr. dieses Jahr wohl halten. Lernet nur auch was davor, daß ich mich euer nicht schämen darff. GOtt wird übers Jahr weiter helffen. Du klagst auch, daß du schwere Träume von uns habest, da rathe ich dir, daß dir nur von Wittenberg und der Philosophia träume. Denn tuum somniare ist nur Phantasey. Du bist ein Melancholischer Lehmann und ein Zärtling. Dein Sorgen hilfft uns nichts, nec potest invertere fatum. Bete und schlaffe mit uns in nomine Domini, und stirb nicht vor der Zeit, denn GOttlob ! wir leben noch, wie vorhin. Summa, wenn es nicht gehet nach euern Willen, so dencket nur : wir sind arme Studenten, können es höher nicht bringen. Wir haben einen armen Vater, der gäbe gerne mehr, wenn ers hätte. Hütet euch vor Unzucht, so lieb euch GOttes und meine Huld ist, und thut alles zur Ehre GOttes. Fleißig gebetet, ist halb studiret. Kommt Schmahl=Hans in eure Stube, so haltet dafür, daß Wittenberg nicht Leipzig noch Annaberg ist."
Christian hatte an einen seiner akademischen Lehrer, an D. Wendler, einen Empfehlungsbrief vom Vater mitbekommen; allein es schien zunächst, als wenn derselbe keineswegs die gewünschte Wirkung haben sollte. Denn bei der

Überreichung des Schreibens machte ihm Wendler, wie es freilich in dessen Art lag, ein so saures Gesicht und ließ ihn so barsch an, daß der immer noch blöde Christian wieder einmal alle Hoffnung sinken ließ und von seinem herzhaften alten Vater erst wieder aufgerichtet werden mußte. Das geschah durch folgende Worte :
"Du beschwerst dich über mein Schreiben an den unfreundlichen Herrn D. Wendler. Dencke doch, daß mein Schreiben nur ein Bogen Pappier, todt Ding, sey gewesen, und nicht GOtt. GOtt habe ich euch recommendiret, und thue es stets, der wird euch Patronos, Hülffe, Gedult und Mittel bescheren. Wie kan Pappier grosse Dinge thun ? Dem Allerhöchsten ergebet euch mit allem Studiren, Leib und Seele. Der kann alles *wenden* , und im Glück *vollenden*. Herr D. Wendler mag auch offt seyn gebrannt worden. Haltets ihm nicht vor übel. Catonicus est cautus. Haltet euch so ehrlich und fromm, daß er sprechen muß : Die Lehmänner halten sich besser, denn andere Landes=Leute gethan."
Wie sehr der Vater mit seinem freundlichen Zureden recht hatte, zeigte sich, wie wir später sehen werden, schon nach wenigen Tagen.
So war M. Christian Lehmann, wie Grabner von ihm sagt, seiner Kinder, aber auch "der gantzen Freundschaft Oraculum," zu ihm nahm man seine Zuflucht in allen Anliegen und wurde von ihm niemals ohne Rat , Segen und kräftigen Zuspruch gelassen.
Nachdem er fast 56 Jahre im geistlichen Amte, in

Scheibenberg allein 50 und ein dreiviertel Jahre Pastor gewesen, starb er 77 Jahre alt am 11. Dezember 1688 als der Senior der Annaberger Inspektion. Die Zahl seiner in Scheibenberg gehaltenen Predigten betrug über 6600. Seine treue Euphrosyne war ihm nach fünfzigjährigem Ehestande am 28. April 1686 in die Ewigkeit vorangegangen; ihnen war das seltene Glück zuteil geworden, 10 Kinder, 46 Enkel und 5 Urenkel mit einander zu erleben. Auf dem Kirchhofe zu Scheibenberg befindet sich ihr Grabmal, welches für gewöhnlich verschlossen, am Pfingstfest aber in der Regel geöffnet sein soll; dasselbe stellt beide Gatten lebensgroß in der Tracht ihrer Zeit in erhabener Arbeit dar. Übrigens befindet sich sein Bildnis wie das seines Sohnes Christian Christian in Öl gemalt neben der Kanzel in der Scheibenberger Kirche.

III.

M. Christian Lehmanns Nachkommen

Von den zehn Kindern M. Christian Lehmanns sind nur sechs, drei Söhne und drei Töchter, dem Namen nach bekannt, vier sind vermutlich schon klein gestorben. Die drei Töchter verheirateten sich sämtlich an Geistliche: Anna Katharina an einen Pastor Schubert in Bärenstein, Euphrosyne mit dem Nachfolger ihres Vaters Pastor Johann

Wolfgang Grabner in Scheibenberg - einer ihrer Söhne war der nachmalige Rektor zu St.Afra, M.Theophilus Grabner, und Anna Sabina mit M. Hiller in Crossig bei Magdeburg.
Die Söhne besprechen wir in besonderen Abschnitten, ausführlicher als die übrigen natürlich den Herausgeber des Schauplatzes, Johann Christian.

1. Dr. Theodosius Lehmann

Theodosius Lehmann, geboren 1640, war vom 9. Oktober 1653 bis 12.April 1658 Alumnus* der Fürstenschule zu Grimma, studierte in Leipzig, ward Dr. jur. utr., 1675 Kammerprokurator in der Oberlausitz, woselbst er große Verehrung genoß; aber schon nach vier Jahren, 1679, berief ihn Herzog Christian zu Merseburg als Hof-und Justizrat, 1682 wurde er Präsident des Stiftsconsistorii zu Merseburg und Herr auf Kulm, er starb am 27.August 1696.
Nach Wilisch II, S.47 hinterließ er seinen zwei Kindern einen "schönen Segen an zeitlichem Vermögen." Sein Sohn wurde in den Adelsstand erhoben, seine Tochter starb als Witwe des Kgl. poln. und Kurfürstl.sächs. Hofrates Johann Burckhard Freystein.

2. D. Johann Christian Lehmann

Sein Leben ist beschrieben worden von seinem Neffen M. Theophilus Grabner, damals Collegia tertius , später Rektor zu St. Afra, welcher dabei auch schriftliche Aufzeichnungen des Superintendenten Lehmann selbst benutzte, unter den Titel : D. Christ. Lehmanns Göttliche Führungen. Dresden, 1725. 4°. Aus dieser Schrift schöpfte Wilisch, Freiberger Kirchenhistorie II, S.46 ff., und auf die letztere wieder gehen zum großen Teile die übrigen Biographien zurück, so M. Michael Ranfft S. 580 ff.,Dietmann S.392 ff., Jöcher II, S.2341, Retzsch, Zu Dr. Wilckes 50 jähr. Jubiläum S.21 ff.,Oesfeld, Dietrich u.a.

Johann Christian Lehmann wurde den 2. Dezbr., am 1.Advent 1642 unter den früher geschilderten kriegerischen Verhältnissen geboren (s.S.30). Von klein auf war er sehr schwächlich und elend und erkrankte wiederholt bis auf den Tod; geistig dagegen war er gut beanlagt. Wenn auch sein Gedächtnis etwas schwach war, so wurde dieser Mangel durch andere Fähigkeiten reichlich ersetzt, durch Phantasie, sowie eine glückliche Erfindungs- und Einteilungsgabe. Daher zeigte sich schon früh bei ihm Neigung und Geschick zur Musik, Poesie, Mathematik und zum Zeichnen. Seine Eltern vertrauten ihn nach einander verschiedenen Lehrern an. Der erste legte durch treue und geschickte Anleitung einen guten Grund in der lateinischen Sprache, die folgenden dagegen verleideten ihm die Studien gründlich, der eine dadurch, daß er den Knaben mit Griechisch, Hebräisch, Rhetorik und Logik plagte, am meisten aber der dritte, ein hitziger und unverständiger Student, der seinen Schülern viele Seiten auf einmal aus der lateinischen Grammatik auswendig zu lernen aufgab, ohne vorher etwas davon zu erklären, und dann bei jedem falschen Wort entsetzlich zuschlug. Da nun Christian das Auswendiglernen gerade nicht leicht fiel, so wurde er von ihm oft in wenigen Stunden vier bis fünfmal so grausam geschlagen, daß die Spitzen der Ruten im Fleische stecken blieben. Der arme Knabe, der kaum noch sitzen konnte, wagte gleichwohl aus Furcht niemand etwas zu sagen und ward immer elender. Erst als er einmal die ganze Nacht hindurch jämmerlich wimmerte, merkten die Eltern die verborgene Ursache seines Zustandes und trafen eine Änderung.

Mit 14 Jahren kam er 1656 wohl vorbereitet nach Chemnitz und wurde als Secundaner in die dortige Schule aufgenommen. Die Herberge, in welcher er untergebracht wurde, war sehr billig, aber auch herzlich schlecht: der Wirt war ein Säufer, Flucher und erzböser Mensch und sein Weib nicht viel besser. Als er dem Vater in einem Briefe klagte, wie schlecht es sich in einer Stube voll rauchender, trinkender und spielender Gäste studieren lasse, lief die väterliche Ermahnung ein, daß er um so viel mehr Gott immerzu vor Augen haben, sich vor aller Verführung ernstlich hüten und die wenige Zeit, welche ihm übrig bliebe, desto sorgfältiger zu seinem Besten anwenden sollte. Daher ertrug er nun, ohne wieder zu murren, alle ihm täglich begegnenden Widerwärtigkeiten zwei volle Jahre hindurch, und auch dies blieb nicht ohne Segen für ihn, lernte er doch auf diese Weise schon früh einen tiefen Abscheu empfinden vor allem unordentlichen, liederlichen Leben. Wegen seines reinen Diskantes wurde er bald in den Chor aufgenommen und dadurch ihm die Möglichkeit geboten, sich bei adeligen Hochzeiten und anderen Festivitäten etwas Geld zur Anschaffung von Büchern zu verdienen.

Als Christian 1658 nach Prima versetzt worden war, stand ihm eine unangenehme Überraschung bevor. In demselben Jahre sollte sein Bruder Theodosius die Universität beziehen, und da der Vater die Kosten für beide Söhne nicht aufbringen zu können glaubte, so schickte er Christian, ohne ihm von seinem Plane ein Wort zu sagen, mit einem Briefe und 4 Groschen Reisegeld nach Dresden zu dem Steuerbuchhalter Valerius Zeisig; und von diesem erst erfuhr er, daß er dort bleiben und Schreiber werden sollte. Darüber geriet er außer sich, begab sich nach Scheibenberg und bat seinen Vater unter Tränen, daß er ihn in der einmal betretenen Laufbahn lassen möchte. Sein flehentliches Bitten fand Gehör. Theodosius wirkte ihm mit Hilfe eines Dr. Hülsemann eine Stelle im Alumnat* der Thomasschule aus. Allein als er nun mit seinem Päckchen Kleider und Wäsche auf dem Rücken nach Leipzig kam, war die Stelle bereits

vergeben, und beim Examen erschrak er über die heftige Anrede der Rektors, der etwas poltriger Natur war, so sehr, daß ihm aller Mut entfiel, obwohl ein bei der Prüfung anwesender Geistlicher ihm freundlich zusprach und den Rektor bat, daß er mit der Schüchternheit dieses Knaben Geduld haben möchte. Da hatte er es wiederum seiner guten Stimme zu danken, daß die Sache doch noch eine günstige Wendung nahm. Weil er nämlich vor dem Kantor im Singen wohl bestand, so erhielt er dennoch eine Stelle, und seine Begabung und Lust zur Musik kam ihm auch ferner sehr zu statten. Er lernte mit Leichtigkeit mehrere Instrumente, auch seine Kompositionen fanden Beifall, den größeren Teil der Zeit jedoch verwandte er auf die eigentlichen Schulstudien und erfreute sich dabei der Anleitung seines Bruders Theodosius.
Vier Jahre lang genoß er nun den Unterricht und die besondere Fürsorge des Konrektors Friedrich Rappolt, dem er für alle Zeit das dankbarste Gedächnis bewahrte. Auch seine übrigen Lehrer gewannen ihn lieb, und bei stiftungsgemäßen Verteilungen von Geld, Büchern, Hemden und Strümpfen wurde er reichlich bedacht, was ihm freilich seinen 60 Mitschülern, unter denen sich kaum drei oder vier hervorragende befanden, mancherlei Verdruß einbrachte. Unter seinen Mitschülern war unter anderen der nachmalige Oberhofprediger Carpzoven.
Am 11. Juni 1663 begann er seine akademischen Studien in Leipzig. In Logik und Metaphysik hörte

er Alberti, Rappoldt, Preuser, Thilo und Menken, im Hebräischen Krause, in Homiletik* Glauchius, außerdem die Lectiones publicae von Kromeyer, Scherzer u.a. Seine Barschaft, von der er sämtliche Kosten des ersten Studienjahres bestreiten mußte, bestand aus 20 Fl. erspartem Kantoreigelde und 10 Talern Zuschuß von Hause. Da ging es natürlich sehr knapp zu, und er pflegte später oft zu erzählen : wenn er auf dem Wege zum Kolleg den kräftigen Duft warmer Dreierbrote gerochen habe, so hätte er sich oft gern eines gekauft, aber seine Mittel hätten es nicht zugelassen.

"Das war", so setzte er bei derartigen Erzählungen hinzu, "die allweise Führung meines Gottes. Denn weil ich ein alter Mann werden sollte, habe ich in meiner Jugend zwar keine allzugroße Not gelitten, aber doch sowohl zu Hause als auf der Universität wegen der sehr geringen Mittel sehr mäßig leben müssen."

Ein wenig besserten sich seine Verhältnisse, als er im Winter Famulus* bei dem Diakonus an der Nikolaikirche L. Gottfried Christian Bose geworden war. Als solcher hatte er auch bei einem sogenannten "Vogtländischen Collegium charitativum", zu welchem sich 12 gelehrte Herren monatlich einmal in heiterer Geselligkeit zusammenfanden, aufzuwarten und erhielt dafür jedesmal außer Essen und Trinken 12 Groschen. Weil ihm aber diese Famulatur wenig Zeit zum Studieren übrig ließ, so suchte er bei dem Rate in Leipzig um ein Stipendium nach und fügte ein

Carmen heroicum de bello Turcico in 1356 Versen hinzu.

Als diese Hoffnung fehlschlug, reiste er zunächst nach Hause, hielt in Bärenstein seine erste Predigt und wandte sich dann mit seinem jüngeren Bruder Immanuel 1664 nach Wittenberg. Hier nahm sich D.Wendler seiner an; schon wenige Tage nach dem unfreundlichen Empfange, den er ihm hatte zu teil werden lassen, stellte er ihn als Informator seiner und einiger anderer Kinder an. So fand Christian seinen Unterhalt und war überdies genötigt, im Verkehr mit den zahlreichen Gelehrten, welche bei Wendler ein- und ausgingen, seine ihm vielfach so hinderliche Schüchternheit etwas abzulegen.

Beide Brüder strebten mit unermüdlichem Eifer nach gründlicher Gelehrsamkeit, sie hörten die Vorlesungen über Logik von M. Grüneberg, über Metaphysik M. Baumann, über Mathematik Prof. Strauch, über Physik M. Walter und M. Röhrensee, über Philologie Prof. Ostermann und Sennertus, über Theologie D. Meißner, Calovius, Quenstädt und Deutschmann. An *einem* Tage, dem 15.Oktober 1666, wurden sie beide zu Magistern promoviert.

Nach Beendigung seiner Universitätsstudien nahm Christian 1677 eine Stelle als Bibliothekar und Excerptor bei D. Matthias Zimmermann, Superintendent in Meißen, und fand hier reichliche Gelegenheit, sich im Disputieren und Predigen zu üben. An seinem 28. Geburtstage,

1668, berief ihn das Oberkonsistorium, nachdem er das Examen vor demselben in Dresden wohl bestanden hatte, als Substituten seines Vaters nach Scheibenberg. Fast sieben Jahre blieb er in dieser wenig einträglichen Stellung, seine *jährlichen* Einkünfte beliefen sich nur auf 27 Taler 23 Gr. 6 Pf., dennoch war er glücklich, auf diese Weise seinen Eltern manche Dienste kindlicher Dankbarkeit erweisen zu können. Freie Zeit blieb ihm zur Genüge, und er machte davon den besten Gebrauch, wiederholte seine Kollegien, half bei den Amtsbrüdern in der Umgegend aus, und förderte die Kirchenmusik zu Scheibenberg besonders durch Komponieren "erbaulicher Arien" für Sonn- und Festtage; die Spaziergänge benutzte er wie sein Vater dazu, sich eingehende Kenntnisse vom Erzgebirge zu verschaffen, und verfertigte Karten und andere Zeichnungen, welche er später in den Schauplatz aufnahm.

Durch eine Leichenrede, welche er 1675 dem Superintendenten Seidel in Annaberg hielt, ward man auf ihn aufmerksam, und so erhielt er wider sein Vermuten das gerade frei gewordene Diakonat daselbst. In demselben Jahre verheiratete er sich, selbst 32 Jahre alt, mit der damals kaum 15 jährigen Anna Rosina, Tochter des Pastor M. David Köhler zu Schwarzenberg. Die ihm im folgenden Jahre angebotene Stelle eines Bergpredigers zu Annaberg schlug er aus, dagegen nahm er 1679 das Archidiakonat an. In den heißesten Sommertagen des Jahres 1680 wurde die Pest aus Dresden nach Annaberg eingeschleppt. Anfangs besuchte Christian die Kranken in den Häusern, dann aber traf man Anstalten, daß die Patienten unter freiem Himmel beichten und das heilige Abendmahl genießen konnten. Doch schützte ihn diese Vorsichtsmaßregel nicht vor Ansteckung. Als er einem Sterbenden die Hostie reichte , entsetzte sich der noch immer etwas ängstliche und schwächliche Mann über die aufgeschwollenen Zunge desselben dermaßen, daß ihn sofort ein Schauer überkam und er in schwere Krankheit fiel, von der er jedoch glücklich genas.

1685 wurde er Superintendent zu Annaberg und somit *Ephorus* seines Vaters* , Schwiegervaters und seines Bruders Immanuel. In dieser Stellung wirkte er sehr segensreich, brachte die Geistlichen=Witwenkasse in eine bessere Verfassung, schaffte alte Mißbräuche ab und nahm sich besonders auch der Stadtschule eifrig an, unter anderem führte er in den oberen Klassen ein monatliches Examen ein "mit Diktierung eines Scripti extemporanei". Einige Geistliche seiner Inspektion vereinigte er zu einem Collegium charitativum, verhandelte mit ihnen mündlich und schriftlich über theologische Materien und Streitfragen und veranstaltete privatim ordentliche Disputationen.

Im Jahre 1691, nachdem er wiederum eine ernste Krankheit durchzumachen gehabt, erging an ihn ein sehr schmeichelhafter Ruf vom Fürsten zu Anhalt, als dessen Oberhofprediger, Beichtvater, Konsistorialrat und Superintendent nach Zerbst zu

kommen. Obwohl er wiederholt einen abschlägigen Bescheid gab, wozu ihn namentlich die inständigen Bitten seiner Gemeinde und Diözese veranlaßten, so erneuerte der Fürst seinen Ruf dennoch immer wieder, bis endlich Rat und Bürgerschaft der Stadt Annaberg die untertänigste und wehmütigste Bitte an ihn richteten , " nicht in Ungnaden zu vermercken, daß, da sie bishero würklich an ihrem Superintendenten dasjenige gehabt und genosse, was Se. Hochfürstl. Durchlaucht annoch von ihm hoffeten, dahero die Liebe, die sie gegen ihn trügen, und die Besorgnis vieler widriger Folgen nach seinem Abzug nicht gestatteten, seinen Abzug so gleich gültig anzusehn, sie vor dieses Mal Se. Hochfürstl. Durchlaucht um gnädigste Änderung Dero Entschlusses anflehen müßten."
Außerden kamen die Viertelsmeister und eine Deputation von zwanzig Bürgern zu dem Superintendenten und baten ihn unter Tränen und Liebesvesicherungen, noch länger bei ihnen zu bleiben. So sah er sich genötigt, den Ruf definitiv auszuschlagen. Indessen bereits in den nächsten Jahren kamen ihm Zweifel, ob er damit auch recht gehandelt habe.
1692 nämlich begann eine mehrere Jahre fortdauernde Teuerung im Erzgebirge, und da er eine sehr starke Familie zu ernähren hatte, so war er nicht nur gezwungen, seine bisherigen Ersparnisse zuzusetzen, sondern geriet sogar in Schulden. In einem Briefe vom 31. Januar 1695 klagt er seinem Bruder Immanuel seine Not ...

Unter solcher Not reifte in ihm der Entschluß, einen etwaigen zweiten Ruf nicht wieder auszuschlagen. Dieser stille Wunsch sollte ihm bald in Erfüllung gehen. 1697 wurde ihm die Superintendantur in Freiberg übertragen, wozu er Sr. Kurfürstl. Durchlaucht "seiner großen Erudition*, legalen Dexterität*, exemplarischen Wandels, Glimpffs und Freundlichkeit, Erfahrung und anderer zu solchem wichtigen Amt erforderlichen Qualitäten halber" vom Oberkonsistorium vorgeschlagen worden war. Die lieben Annaberger versuchten auch diesmal wieder ihn zu halten, und als ihr Bitten erfolglos geblieben war, geleiteten sie den verehrten Prediger mit vielen Pferden und Wagen und einer großen Menge Volkes aus der Stadt. In Freiberg wurde er höchst ehrenvoll empfangen und fand Küche und Keller mit allerlei Vorräten so reichlich versehen, daß die ganze Familie, bis sie sich einigermaßen eingerichtet, bequem davon leben konnte. Noch in demselben Jahre promovierte er in Wittenberg zum Licentiaten* und im folgenden Jahre zum rite* Doktor der Theologie, wozu ihm der Rat zu Freiberg 200 Taler verehrte. Bald darauf folgte seine feierliche Investitur durch seinen ehemaligen Mitschüler auf der Thomasschule, Oberhofprediger Carzoven. Wie in Annaberg, so stiftete er auch in Freiberg viel Gutes. Zwei weitere Berufungen, darunter die als Oberhofprediger nach Dresden (1708), lehnte er ab.

Am 3. August 1711 verlor er nach beinahe 36

jähriger überaus glücklicher und friedlicher Ehe seine Gemahlin, deren sorgsamer Pflege er bei seinem hohen Alter erst recht bedürftig gewesen wäre... Die Führung seines Haushaltes übernahm nun bis an sein Ende seine damals bereits verwitwete Tochter Christiane Regina. Auch er selbst erkrankte gegen Ende des Jahres 1711 lebensgefährlich und freute sich schon darauf, nun ebenfalls abgerufen zu werden, doch waren ihm noch zwölf Jahre mühsamer Arbeit beschieden.

Daß er trotz seiner schwächlichen Körperbeschaffenheit ein so hohes Alter erlangte, dafür kann die Ursache außer in seiner Mäßigkeit im Essen und Trinken wohl auch in der ganz regelmäßigen Lebensweise gesucht werden. Früh stand er im Sommer um vier, im Winter um fünf Uhr auf, ging dann nach der beendeten Morgenandacht bis um elf Uhr an seine Amtsverrichtung, die er nachmittags von ein bis vier Uhr wieder aufnahm. Dann folgte eine Stunde der Erholung, nach ihr erledigte er seine Privatkorrespondenz; nach dem Abendessen, das um sechs Uhr stattfand, unterredete er sich bis um acht Uhr, hielt seine Abendandacht und begab sich um neun Uhr zur Ruhe.

Die Arbeit ging schnell von statten, es war ihm nicht zu viel, wenn er manchen Sonnabend, da fast alle Landgeistlichen (des Markttags wegen) an ihn zu schreiben pflegten, zwanzig und mehr Briefe zu beantworten hatte. Dabei schrieb er alles selber und zwar mit leserlicher und zierlicher

Hand, auch seine Sehkraft blieb bis zuletzt unvermindert. Ebenso war er bis sein Ende wohl zu Fuße. Dagegen erging es ihm mit den Zähnen wie seinem Vater, von seinem 50. Jahre an begannen sie nach und nach auszufallen, anfangs ersetzte er sie durch elfenbeinerne, als er aber auch die zur Befestigung dienenden Backenzähne verlor, wurde seine sonst so vernemliche, wenn auch nicht eben starke Aussprache undeutlich. Die verlorenen Zähne hob er alle auf, machte auf jeden "ein kurz Epigramma, darinnen er dessen gethane Dienste rühmete und Gott dafür besonders dankte", und bat, daß man sie ihm mit in den Sarg legen möchte.

Zwei kleine Begebenheiten aus seinem Leben, welche von Grabner erzählt werden, möchte ich nicht unerwähnt lassen, da sie dazu dienen, uns das Bild des würdigen Mannes noch klarer vor Augen führen : Ein Vornehmer von Adel hatte ihn und etwa fünfzehn andere Geistliche der Freiberger Diözese zu Gaste geladen und trank ihm während des Mahles ein sehr großes Glas auf die Gesundheit der hohen Landesherrschaft zu. D. Lehmann nahm das Glas mit den Worten an: " Ich und meine Herren Amtsbrüder stehen vor einem Mann, und also wird dieses vor uns alle genug sein." Dagegen protestierte der Kavalier: es gelte der hohen Landesherrschaft Gesundheit, die Geistlichen mußten hierinnen ein gut Exempel geben. "Wohl," entgegenete der Superintendent, "das wollen wir auch thun." Darauf erhob er sich, entblöste sein Haupt, sprach einen herzlichen Wunsch auf das Wohl der hohen Landesobrigkeit, trank etwas und gab das Glas seinem Nachbar. Darüber ward der adlige Herr entrüstet und sagte heftig: ob er nicht mehr Respekt und Liebe für seine hohe Herrschaft habe? Dies ginge durchaus nicht an, es müsse ganz ausgetrunken sein. Da wandte sich der Superintendent lächelnd zu ihm und sprach : "Wohlgeborner Herr, es ist geschehen, was sie von mir verlanget. Ich habe auf meines gnädigen Landesfürsten Gesundheit getrunken. Mich aber dabei von Sinnen und krank zu trinken ist weder Sr. Churfl. Durchl., die mich bei meiner Ordination und Konfirmation zur Mäßigkeit anweisen lassen, Wille, noch meinem Amte anständig. Durch mein und andrer Leute Völlerei und Nachtheil an ihrer Gesundheit werden Se. Churfl. Durchl. nicht gesünder, und Sie, wohlgeborner Herr nichts gebessert. Ich bin erbötig, wenn es die Noth erfordert, für meinen gnädigsten Herrn Gut und Blut willig darzubieten, jetzt aber bedürfen dieselben noch meines Dienstes, und meine lieben Herrn Amtsbrüder eines guten Exempels. Lassen Sie mich vernünftig und einen Christen bleiben, der, seines Heilands Vemahnung eingedenk, mäßig und nüchtern sei. Ich will für meines gnädigen Herrn Gesundheit beten." Damit zog er sein Mützchen vom Haupte und hielt es vor sein Gesicht; nachdem er eine gute Weile gebetet , fuhr er fort: "Nun hoffe ich meinem gnädigen Herrn, Ew. Wohlgeboren, und meinem Amte vor dies Mal völlige Genüge gethan zu haben."

Der Kavalier gab sich damit zufrieden: er wolle ihm gern seinen Willen lassen, es würde ihm leid thun, wenn er durch sein Nötigen krank werden sollte; es würde ihm aber doch zuwider sein, daß die andern Herrn Pastores Bescheid thäten. Darauf antwortete Lehmann: "Meine Herren Amtsbrüder sind alle so alt und verständig, daß sie wissen, wieviel ihre Natur vertragen kann. Ich darf keinem ein Maß setzen, sie wissen schon, was Christus und Paulus ihnen vor ein Maß gesetzet haben."

Dieses entschiedene und dabei doch so milde Auftreten gegen eine althergebrachte Unsitte hatte zur Folge, daß nicht nur bei diesem Gastmahl, sondern auch bei allen folgenden in seiner Gegenwart übermäßiges Trinken vermieden und jedem im Bescheidthun Freiheit gelassen wurde.

Die zweite Begebenheit zeigt uns seinen echt christlichen Sinn nach einer andern Richtung: daß er gelernt hatte, Böses, das ihm widerfahren war, zu vergessen oder mit Gutem zu vergelten. Bald nach Antritt der Superintendantur in Freiberg kam ein armer Schulmeister vom Lande zu ihm und bat wehmütig, er möchte ihm doch nicht etwa nunmehr zurechnen, was er ehemals durch seine allzuharte Behandlung an ihm verschuldet. Anfangs kannte ihn Lehmann nicht, als er aber seinen Namen hörte, sah er, daß es sein Hauslehrer war, der ihn als Knabe so grausam behandelt hatte. Da gab er ihm in aller

Freundlichkeit die Antwort: "Mein lieber Freund, Euer Verfahren gegen mich in meiner Jugend ist mir längst entfallen, zumal ich, so fremde es mir auch vielleicht damals vorgekommen, dennoch jederzeit geglaubet, daß Ihr solches in Absicht auf mein Bestes gethan. Und wie sollte ich nun Eure gute Meinung mit Undank belohnen? Habt ein christliches Vertrauen zu mir und versichert Euch, daß ich keine Gelegenheit, Euch Gutes zu erweisen, vorbei lassen werde. Nehmt Euch aber hierbei die gute Lehre, man müsse mit zarter Kinder natürlichem Unvermögen Geduld haben, und *kindische Schwachheiten nicht wie grobe Verbrechen bei erwachsenen Malefikanten bestrafen.* Es sind zarte Reiser, die nicht mit Äxten oder Knitteln traktieret werden müssen, wenn sie nicht knicken und brechen sollen. *Ein Lehrer der Jugend muß bedenken, daß aus Kindern auch Leute werden können, die hernach von ihrer Lehrer Thun und Verfahren vernünftig urteilen lernen.*" Mit dieser Ermahnung entließ er ihn und kam seinem Versprechen durch Erweisung einer und der der anderen besonderen Wohltat getreulich nach. Die Freundlichkeit und Milde, die sich in diesen beiden Fällen offenbarte, war ihm auch sonst eigen, er hatte etwas so Gewinnendes im Umgange, daß man ihn lieben mußte. Er hielt Frieden und suchte Frieden, und ohne der Würde seines Amtes etwas zu vergeben, tat er doch, was er irgend tun konnte, um mit allen, mit denen er verkehren mußte, in gutem Einvernehmen zu stehen. Fiel ihm die

Entscheidung in Streitigkeiten zu, so urteilte er frei von Parteilichkeit und suchte auch jeden Schein derselben zu vermeiden; daher war dies der einzige Fall, in welchem man den sonst so leutseligen Mann heftig werden sah, wenn es jemand wagte, ihm in Streitsachen ein Geschenk anzubieten, solchen drohte er wohl gar mit Denunziation. Liefen etwa Klagen über einen der nahen Verwandten ein, deren Vorgesetzter er war, so wußte sein Zartgefühl Freundlichkeit und Gerechtigkeit auf das feinste mit einander zu verbinden: mit Untersuchung und Beilegung der Sache beauftragte er alsdann einen Amtsbruder aus der Stadt, ließ aber dem Beklagten, mochte er nun schuldig oder unschuldig sein, inzwischen auch durch andere Freunde gütliche Vorstellungen machen, nach dem Grundsatze, daß jeder Mensch sich lieber von einem Fremden als einem Verwandten richten lasse und andererseits mehr Vertrauen zu dem Rate eines guten Freundes als zu dem eines Vorgesetzten habe.

Bei allen Leiden, die ihn trafen, war er überzeugt, daß nichts ohne Gottes Willen über ihn ergehen könne, und ertrug sie mit christlicher Geduld in der Kraft dessen, der sie ihm gesandt hatte. Zu den schwersten Prüfungen seines Lebens gehörte nächst dem Tode seiner Gemahlin der Verlußt zweier Söhne von 30 bzw. 29 Jahren, die er bereits in ehrenvolle Stellungen hatte gelangen sehen. Als ihm der zweite dieser beiden Fälle, nämlich der Tod seines Sohnes David Theodosius, Professor in Wittenberg, gemeldet wurde, äußerte er sich darüber in folgenden Worten : "Meine Kinder sind des Herrn, er hat ihnen Leben und Odem gegeben und hat Macht, solche, wenn es ihm gefällt, wieder zu nehmen. Hat er nun genommen, was er gegeben, so wie sein heiliger Name gelobet. Ich habe meine Kinder nicht zu diesem, sondern zu dem himmlischen und ewigen Leben gezeuget und erzogen. GOtt sey Dank, der auch diesen Sohn vor mir aus der bösen Welt selig entrissen, und bei mir ein desto sehnlicher Verlangen erwecket, daheim bei dem Herrn und denen vorausgegangenen lieben Meinigen zu sein. Wie lange wird es währen, so folge ich ihm selig nach. Ich will inzwischen meines treuen GOttes Hand, die mich wohlmeinend anietzo schlägt, mit Demut küssen. Er wird die Schwachheit meines Fleisches durch seine Kraft stärken."

Die ihm von Jugend auf anhaftende Schüchternheit war allmählich einer ungeheuchelten Bescheidenheit gewichen, die ihn oft seine eigenen Fähigkeiten sogar unterschätzen ließ. Dies veranlaßte ihn, die wiederholt an ihn ergangenen ehrenvollen Berufungen abzulehnen; auch den Stellungen, die er nachmals so vortrefflich ausfüllte, glaubte er sich anfangs nicht gewachsen, und nur im Vertrauen auf Gottes Beistand, nicht auf eigene Kraft nahm er sie an. Dem entsprechen auch die Worte, die sich in den von ihm hinterlassenen Aufzeichnungen finden : "Ich bitte, daß man ja von mir kein Prahlen, unchristl. Lob, und sonst gewöhnliche Erhebung mache. Denn so was lobwürdiges an mir zu finden, so ists nicht mein sondern GOttes, der sey gepreiset. Ich selbst aber finde so viel Schwachheit und Fehler an mir, daß alles Gute davor weichen und verbleichen muß. Davon hat man mehr Ursache zu reden. Mir ist viel lieber, daß mein Nahme im Himmel angeschrieben ist."

Einige Jahre vor seinem Tode entfielen ihm etliche Male auf der Kanzel die Gedanken, so daß er zur großen Bestürzung seiner Zuhörer plötzlich schließen mußte. Seitdem wurden die Predigten von seinen Amtsbrüdern übernommen, während er vorher ohne die dringendste Not niemals eine Predigt ausgesetzt hatte. Die übrigen Geschäfte aber besorgte er nach wie vor weiter. Als ihm auch diese erleichtert werden sollten, dadurch daß er seinem jüngsten Schwiegersohn Wilisch zum Substituten erhielt, starb er am 28. Oktober 1723, fast 81 Jahre alt, nachdem er am Sonntag zuvor durch den Mund des ihn vertretenden Archidiakonus in der Amtspredigt von den Behörden und der ganzen Gemeinde Abschied genommen und für die ihm erwiesene Liebe gedankt hatte.

Sein Bildnis in Lebensgröße befindet sich in der Domkirche zu Freiberg, rechts vom Altar, mit dem Zeigefinger der rechten Hand weist er auf ein neben ihm stehendes Kruzifix, und ein aufgeschlagenes Buch zeigt seinen Wahlspruch :
   Vita mihi Christus, mors lucrum, cetera nugae.

Zu literarischer Tätigkeit - das Wort im allerweitesten Sinne genommen - war er von seinem Vater schon als Kind angeleitet worden. Sobald er schreiben konnte, gewöhnte ihn derselbe daran, Predigten aufzuzeichnen. In seinem elften Jahre schon versuchte er sich in einer Dichtung, er brachte nämlich das Evangelium vom Hausvater und Weinberg in Reime und zwar in Gestalt einer Komödie, die einige Jahre darauf, als er Scheibenberg verlassen hatte, beim Gregoriusfeste daselbst öffentlich aufgeführt wurde.
Merkwürdige Erlebnisse pflegte er bereits von seinen Schülerjahren her in eine Art Tagebuch einzutragen, und über seine Amtstätigkeit führte er ordentliche Protokolle zur großen Erleichterung seiner Nachfolger. D.Götze, sein Nachfolger in der Superintendantur zu Annaberg, rühmt in der Vorrede zu seiner Schrift über das Leben M. Pauli Odonti 1712 S.23 ff., er habe es dem großen Fleiße und Geschick Lehmanns zu verdanken, daß er sich in die ihm früher gänzlich unbekannten Ephoralgeschäfte habe finden können. Daß er auf die Ausarbeitung der Predigten ganz besondere Sorgfalt verwendete, bedarf bei der Gewissenhaftigkeit des Mannes kaum Erwähnung, sein Hauptaugenmaerk richtete er dabei auf die *Erbauung* seiner Zuhörer. Veröffentlicht wurden von ihm nur eine Anzahl Leichenpredigten, die meisten davon sind nach seinem Tode (Leipzig 1726, in 4°.)zusammengedruckt worden, zugleich mit dem von seinem Neffen Grabner

geschriebenen Lebenslauf des Verfassers. Von seiner Tätigkeit für die Witwen- und Waisenkasse der Diözese Freiberg zeugt eine Schrift unter dem weitläufigen Titel : *"Das erfreute Wittwen=Herz : das ist : E. Ehrwürdigen Ministerii in Freyberg aufgerichtete Special=Stifftung nach ihrem Tode, das Hertz ihrer Wittwen und Waisen in etwas zu erfreuen, nebst der hierüber gemachten, und von E. Hochlöbl. Ober=Consistorio confirmirten Verfassung."* 1709 in 4°.

Seiner Wirksamkeit als Ephorus gehört ferner an : Ministrorum Ecclesiae Annaebergensis Nomenclator a tempore repurgatae doctrinae ad nostram aetatem. Palaeo-Dresdae Anno 1708. 8°.

Ganz besonders fühlte er sich wie sein Vater zu der Beschäftigung mit dem heimatlichen Gebirge hingezogen, ihr widmete er den größten Teil der Zeit, welche ihm sein Amt ließ. Im Verein mit einigen Kollegen suchte er während seines Annaberger Aufenthaltes durch Erkundigungen bei Bergverständigen seine Kenntnisse in dieser Beziehung zu vervollkommnen und arbeitete an einer Metallurgia Sacra, in welcher die "Loca biblica, welche von denen Ertzen u. andern dahingehörigen Sachen handelten", zusammengestellt werden sollten. Bei seinem Weggang nach Freiberg blieb das angefangene Werk liegen, doch kamen ihm die erworbenen Kenntnisse trefflich zu statten, als er nach dem Tode seines Bruders Immanuel die von diesem begonnene Arbeit, einen Teil der väterlichen Manuskripte zum Drucke fertig zu stellen, übernahm. Das Ergebnis liegt in dem 1699 veröffentlichten Schauplatz vor. Seine letzte Arbeit, die er kurz vor dem Tode auf seinem Krankenlager verfertigte, war das nachstehende Sterbelied, in welchem er unter Zugrundelegung seines oben angeführten Wahlspruches auf sein ganzes Leben zurückblickt. Die Anfänge der achtzehn Strophen ergeben seinen Namen : *Christianus Lehmann* .

1. Chistus ist und bleibt mein Leben,
Seelig Sterben mein Gewinn,
Soll ich meinen Geist aufgeben,
Fähret er mit Freud dahin.
Christus lebt in mir im Glauben,
Wer will mir das Leben rauben?

2. Hier in diesem Jammer=Leben
Bin ich zwar getreten ein,
Adams Kind, ein wilder Reben,
Schon verdammt zur Höllen Pein;
Doch ist mir ein neues Leben
Von des Höchsten Hand gegeben.

3.
Rein ward ich von Adams Schaden
Abgewaschen in der Tauff,
Da mich GOtt aus lauter Gnaden
Nahm zu seinem Kinde auff,
Da ich Christum angezogen
Wider Satans Pfeil und Bogen.

4. In den zarten Kindheits=Jahren
Hab ich meiner Eltern Treu,
GOtt sey Lob ! darinn erfahren,
Daß sie vor der Heucheley
Mich gewarnet, und zum Leben,
Das aus GOtt ist, Lehr gegeben.

5.

So voll Elend mein Erziehung
In den Krieges=Zeiten war,
Schützte doch GOtt die Bemühung
Meiner Eltern vor Gefahr,
Ließ mich auch bey dem Studiren
Seinen Seegen reichlich spühren.

6.

Treuer GOtt! Wie soll ich preisen
Gnugsam Deine Vater=Hand,
Die du auff viel tausend Weisen
Gnädig hast an mich gewandt,
Und wenn Unfall mich berühret,
Wunderlich herausgeführet.

7.

Ja du hast mich vorgezogen
Aus dem Dunkeln an das Licht,
Und mir so viel zugewogen,
Als ich mir gewünschet nicht,
Auch in manchen schweren Dingen
Liesest du es wohl gelingen.

8.

Alle solche deine Güte,
Die du, HErr, an mir gethan,
Nehm ich dankbar zu Gemüthe,
Danke dir, so viel ich kan,
Ja mein gantzes Leib und Leben
Hab ichzum Lob=Opfer geben.

9.

Nun muß ich mich selbst anklagen,
Daß ich deinen guten Geist,
Der in meinen Lebens=Tagen
Mich getreulich unterweißt,
Nicht gehorsam nachgegangen,
Mehr dem Welt=Sinn angehangen.

10.

Unter tausend Gnaden=Schätzen
Ist das meines Trostes Cron,
Daß GOtt Christum wollen setzen
Uns zum Heil und Gnaden=Thron,
Der mit GOtt uns hat versöhnet
Und mit Gnaden schön gecrönet.

11.

So bin ich nun voller Freuden,
Fürchte mich vor Sterben nicht.
Muß ich gleich von hinnen scheiden,
Christus ist meins Leben Licht.
Den Gewinn hat er erworben,
Da er ist für mich gestorben.

12

Laß mich, HErr, in Friede fahren,
Wie den alten Simeon,
Schencke meinen grauen Haaren
Die versprochne Gnaden=Cron.
Daß ich in den Himmels=Auen
Dich mit Freuden mög anschauen.

13

Ey wohlan ! So soll mein Sterben
Mir zubringen den Gewinn,
Daß ich GOttes Reich soll erben,
Dieweil ich in Christo bin.
Saget, ihr von klugen Sinnen :
Was ist bessers zu gewinnen ?

14.

Hilf HErr JEsu, wie im Leben,
Mir auch in der Sterbens=Noth,
Dir hab ich mich gantz ergeben,
Bleib mein Leben auch im Tod,
Hast du doch für mich dein Leben
Um deß willen hingegeben.

15.

Meine Kinder und Verwandte,
Meine anbefohlne Heerd,
Sammt dem lieben Vater=Lande
Und was Sachsen-Freyberg liebt und ehrt,
Will ich Dir, HErr Christ, mein Leben
Zur Verwahrung übergeben.

16.

Auff das Kleinod reiner Lehre
Laß die Augen offen stehn,
Daß auch deines Namens Ehre
Möge auff die Nachwelt gehn,
Kirch und Schule benedeye,
Daß sich Mensch und Engel freue.

17.

Nimm mich, JEsu, nun von hinnen
Aus der Sodomiter Land,
Laß aus Gnaden mich gewinnen
Derer Auserwehlten Stand,
Die du selbst auffs schönste weidest,
Und in Ehren=Kleider kleidest.

18.

Nun ist Christus recht mein Leben,
Nun erfreut mich der Gewinn,
Den mein Heyland mir gegeben,
Böse Welt, fahr immer hin !
Mein Leib legt sich schlafen nieder,
Lebt am jüngsten Tage wieder !

*

Es bleibt nun nur noch übrig, von den Kindern D.Christian Lehmannns ein Wort zu sagen. In seinem 36 jährigen Ehestande war er Vater von 9 Kindern (5 Söhnen und 4 Töchtern) und Großvater von 21 Kindeskindern geworden, und zwei Jahre vor seinem Tode hatte er auch noch die Freude, in der Kreuzkirche zu Dresden einen Urenkel persönlich aus der Taufe zu heben. Diesen Kindersegen pflegte er als seinen besten Reichtum in dieser Welt zu bezeichnen, für welchen er dem gütigen Vater im Himmel mit kindlichem Herzen dankbar sei. Die Töchter verheirateten sich alle vier mit Geistlichen, die eine wenigstens in zweiter Ehe; die jüngste Maria Sophia wurde die Gemahlin von D. Christian Friedrich Wilisch, dem Nachfolger ihres Vaters in der Superintendantur zu Freiberg.

Ein Sohn, Christian Ehrenfried, 1682 geboren, ward Doktor der Medizin zu Leyden in Holland und starb 1712 als Stabsmedikus an einem hitzigen Fieber zu Donay in Flandern. Ein zweiter Sohn, David Theodosius, 1686 geboren, starb 1715 als Professor Poeseos Ordinarius in Wittenberg, ebenfalls an einem Fieber. Somit überlebte den Vater von seinen fünf Söhnen nur ein einziger, Christian Gottlob, Stadtrichter zu Freiberg.

Anhangsweise soll hier eine milde Stiftung erwähnt werden, mit welcher von dem Superintendenten Lehmann und dessen Angehörigen die Stadt Scheibenberg bedacht worden ist Nach einer Urkunde vom 27. Februar 1710 haben sämtliche hinterlassenen Erben weiland Herrn Christian Lehmanns, Pastors zu Scheibenberg, nach dem Willen ihres seligen Vaters 60 Taler legieret, von deren Zinsen jährlich am Tage Christian den Schulkindern zu Scheibenberg Bücher, Papier und Semmeln, dem Pfarrer aber für die Administration des Legats 9 Groschen verabreicht werden sollen. Nach einer zweiten Urkunde vom 11. Mai 1714 hat der Superintendent D.Christian Lehmann in seinem 72. Lebensjahre zu jenen 60 Talern noch 40 hinzugelegt mit der Bedingung, daß die ganze Summe von 100 Talern zum Kirchenvermögen gerechnet, von der Kircheninspektion inspiziert, auf obrigkeitlichen Konsens ausgeliehen, 2 Taler von den Zinsen jährlich zur Reparatur des auf dem Kirchhofe befindlichen Monumentes, wenn es derselben bedürfe, verwendet werden sollten. Im Falle es aber keiner Reparatur bedürfe, so solle der Pastor 1 Taler, der Schulmeister 12 Groschen und die beiden Kirchväter jeder 6 Groschen für die Aufsicht erhalten. Eine dritte Urkunde endlich vom 9. September 1752 besagt, daß die Tochter D. Christ. Lehmanns, Frau Christiane Regine, weiland Herrn Bernhard Samuel Kühns, Archidiakonus an der Domkirche zu Freiberg, hinterlassene Witwe zur Verstärkung des Lehmannschen Legates weitere 50 Taler legierte. Danach soll nun der Pastor bestimmt jährlich 1 Taler 12 Groschen erhalten.(Vgl. Dietrich,Kleine Chronik von Scheibenberg I,S.45 ff.)

3. M. Immanuel Lehmann

Sein Leben ist kurz beschrieben worden von dem oben erwähnten jüngsten Schwiegersohn seines Bruders D. Joh. Christ. Lehmann, Christ. Friedrich Wilisch, Incunabula scholae Annabergensis, S.175-181, und von Richter, Chronik von Annaberg II, S.151-154, auch Misc.Sax.a.a.O.

Immanuel Lehmann, geboren den 25.Dezember 1645, kam 1660 in das Alumneum der Schule zu Annaberg unter dem Rektor M. Vogelhaupt, wurde bereits nach vier Jahren über Erwarten seiner Eltern cum eximo vitae morumque testimonio 1664 entlassen, und bezog mit seinem Bruder Christian zugleich die Universität Wittenberg. Um sich Mittel zum Studium zu verdienen, nahm er, wie Christian, daselbst eine Hauslehrerstelle an, besuchte fleißig philosophische und theologische Vorlesungen, disputierte unter dem Vorsitz M. Sebastian Kirchmeyers de indiciis venarum metallicarum, sowie unter Vorsitz D. David Wendlers de libertate voluntatis humanae und wurde 1666 Magister.
1669 verließ er Wittenberg und kam auf drei Jahre zu dem Grafen Johann Albrecht von Ronoff und Biberstein als Hofmeister für dessen Kinder. Darauf erhielt er das Rektorat der Schule zu Annaberg und verwaltete dasselbe zehn Jahre lang summa industria et nunquam intermoritura laude.

1682 wurde er Diakonus in Wiesenthal, und dreizehn Jahre später ward er in gleicher Stellung nach Görlitz berufen. Wie sein Bruder Christian war er von klein auf schwächlich, litt sieben Jahre an Epilepsie, hatte viel Gliederschmerzen und beständig Zahnweh, und neigte überdies zur Hectica (Schwindsucht). Er starb als Archidiakonus, 53 Jahre alt, den 19. September 1698, betrauert von seiner Gemeinde, die ihn sehr liebte und schätzte; seinem Gedächtnis wurde ein höchst ehrenvolles Epitaphium gewidmet.

Während seines Rektorates zu Annaberg ließ er 23 in lateinischer Sprache geschriebene Programme drucken, deren vollständige Titel von Wilisch und Richter a.a.O. aufgeführt sind. Soviel sich aus den Titeln ersehen läßt, waren es Abhandlungen theologischen, philosophischen, antiquarischen und pädagogischen Inhaltes, durch welche er zu Abiturientenentlassungen, der jährlichen Verteilung von Bücherprämien und anderen Schulfeierlichkeiten einlud. Seine Neigung zur Mineralogie, die er schon in der vorgedachten Disputation zu Wittenberg ... an den Tag legte, veranlaßte ihn, eine der hinterlassenen Schriften seines Vaters, die *Res metallicae,* zu bearbeiten, doch starb er darüber.

In erster Ehe war M. Immanuel Lehmann (seit dem 2.März 1674) mit Anna Elisabeth, Tochter des Stadtrichters Gottfried Hahn in Annaberg, verheiratet; von den acht Kindern aus dieser Ehe starben sechs bald wieder, nur ein Sohn überlebte ihn, Immanuel Lehmann, Dr. med. und Physikus in Marienberg, eine Tochter, Anna Dorothea, wurde die Frau Joh. Gottfr. Richters, Jur Cons. in Freiberg. Als 1686 die erste Gemahlin gestorben war, verheiratete er sich 1690 mit Frau Susanna, Enoch Blechschmidts, Kaufmanns in Schneeberg, hinterlassene Witwe.

***

Die Besprechung der Nachkommen M.Christ. Lehmanns können wir nicht schließen, ohne einen vielfach verbreiteten Irrtum widerlegt zu haben.
In Dietrichs kleiner Chronik von Schneeberg wird an verschiedenen Orten als vierter Sohn M.Lehmanns erwähnt ein *Herr **Johann Georg Lehmann**, Salzfaktor in Freiberg, unverheiratet gestorben am 26. September 1745.* In der Sakristei der Kirche zu Elterlein, in welcher die Namen sämtlicher dortiger Geistlichen verzeichnet sind, findet sich unter VII b die gleiche Angabe : "M. Chr. Lehmann, Vater des reichgesegneten Legatstifters Johann Georg Lehmann." Ebenso ist dieselbe in Sachsens Kirchengalerie XII, S. 42 übergangen.
Dieser Johann Georg Lehmann hatte einen Monat vor seinem Tode, am 26. August, testiert und dabei, wie aus dem Testamente selbst hervorgeht, acht erzgebirgischen Städten, nämlich Elterlein, Wiesenthal, Johanngeorgenstadt, Josephstadt, Scheibenberg,

Geyer, Eibenstock und Schwarzenberg je 2000 Taler gestiftet, wovon die Interessen halbjährlich an die armen und notleidenden Glaubensgenossen daselbst verteilt werden sollten. Weitere 8000 Taler hatte er an eine Frau Magdalene Sibylle verehelichte Sekretärin Finckin vermacht, weil diese ihm jederzeit viel Freundschaft und Dienstgefälligkeit erzeigt habe, jedoch mit der Bestimmung, daß sie selbst beizeiten andere vier erzgebirgische Städte als Erben dieses Kapitals namhaft machen sollte; für den Fall, daß sein Vermögen sich nach Verkauf aller Mobilia noch höher als auf 24 000 Taler beliefe, sollten ferner je 2000 Thaler den Städten Dresden und Wittenberg zugewiesen werden. Die Verwaltung des gesamten Kapitals erhielt das Oberkonsistorium zu Dresden. Klüger würde der Testator jedenfalls gehandel haben, wenn er auch jene vier Städte gleich selbst bezeichnet hätte. So kam es, daß die Sekretärin Finckin schon bald nach der Eröffnung des Testamentes wahrhaft bestürmt wurde mit zahlreichen beweglichen Bittschriften von städtischen Magistraten. Dazu mag es Schwierigkeiten gemacht haben, das Kapital anzulegen, denn die Finckin beklagt sich in einem Schreiben vom 25. Juli bitter, daß bis dahin, also fast ein Jahr nach dem Tode des Erblassers, weder ihr noch den zuerkannten acht Städten auch nur ein Groschen an Zinsen verabfolgt worden sei.

Um möglichst vielen der an sie gerichteten Bitten zu entsprechen, entschloß sie sich zu folgendem

Ausweg. In einer demütigsten Supplikation an Se.Königl. Majestät in Polen und Kurfürstl. Durchlaucht zu Sachsen (Friedrich August II.) erklärte sie, daß sie von den hinterlassenen 8000 Talern den Städten Zwickau und Schneeberg je 2000, Neustädtel, Zschopau, Zöblitz und Thum je 1000, überdies von dem nach Abzug aller Legate übrig bleibenden Vermögen Zwickau nochmals 1000 und - wenn sich dann immer noch ein Rest ergeben sollte, und *unter der feierlichsten Bedingung, sich außerdem zu nichts anheischig gemacht zu haben* - auch Aue und Wolkenstein je 1000 Taler zuweise.

Was aus diesen nicht uninteressanten Verwicklungen geworden ist, vermag ich nicht mit Bestimmtheit anzugeben. Falls Dietrich (II,S.83) aus zuverlässiger Quelle geschöpft hat, so ist das Kapital an Neustädtel, Schneeberg, Zschopau, Zöblitz, Thum, Dresden und Wittenberg (also Zwickau nicht?) gleichmäßig verteilt worden.

Schon der Umstand, daß noch 1745 ein Sohn des 1611 geborenen Pfarrers gestorben sein sollte, erschien nicht recht glaublich. Aus dem Testamente war über die persönlichen Verhältnisse des Stifters nichts zu ersehen, ebenso wenig etwas über seine Beziehungen zu den von ihm so bevorzugten erzgebirgischen Städten, nicht einmal zu dem an erster Stelle genannten Elterlein, nur spricht er darin den Wunsch aus, "auf dem Neuen St. Annenkirchhoffe, allwo er bereits eine Grabstelle habe" beigesetzt zu werden. Daß dies wirklich

geschehen ist, geht aus dem Kirchenbuche für Begräbnisse, bzw. Todesfälle, der St. Annenkirche zu Dresden hervor. Dort ist unter dem Jahre 1745 Nr. 298 eingetragen :
"Den 26.Sept. Herr Johann George Lehmann. Juris Candidat. gest. im coelibatu an einer Verzehrung, im 55ten Jahre seines Alters. Beyges. aus der Stadt."
Daraus ergibt sich zweierlei: 1. daß er nicht Salzfaktor, sondern Rechtskandidat war, und 2. das Geburtsjahr 1690; im Jahre 1688 war bereits der angebliche Vater gestorben ! Bestätigt wird die zuletztgefundene Nachricht durch Curiosa Saxonia vom Jahre 1745, S. 336. Unter den Dresdner merkwürdigen Todesfälle des genannten Jahres steht an letzter Stelle : "Den 26.Septembr. Herr Johann George Lehmann, Jur.Utr.Candid. aet. 55 in coelibatu. Soll denen verarmten Bergstädten reich Legata vermacht haben."
Und wie erklärt sich nun, daß er von Dietrich als Salzfaktor bezeichnet wird? Nach den geschriebenen Kollektaneen des Elterleiner Pfarrers Christoph Schreiter war Cand.jur. I.G.Lehmann *der hinterlassene Sohn eines Salzfaktors Lehmann* zu Dresden. Wenn auch hierdurch jedenfalls erwiesen ist, daß Johann Georg Lehmann ein direkter Nachkomme M. Christ. Lehmanns nicht sein kann, so ist immerhin die Möglichkeit, daß er unserer Gelehrtenfamilie im weiteren Sinne angehöre, nicht ganz ausgeschlossen, wenn auch nach der beigefügten Geschlechtstafel nicht eben wahrscheinlich.

Leider! Denn es war ein sehr ansprechender Gedanke, den Namen einer Familie, welche stets ein so warmes Herz für das heimatliche Gebirge besaß, und deren Glieder selbst so oft mit bitterer Not zu kämpfen hatten, nun auch unter den Wohltätern der Armen und Notleidenden im Erzgebirge genannt zu wissen.

***

IV
M. Christian Lehmanns Schriften.

Der Umfang der schriftstellerischen Thätigkeit, welche Chr. Lehmann neben gewissenhafter Erfüllung seiner Berufspflichten entwickelte, ist staunenerregend, sie erstreckt sich, wie wir sehen werden, auf alle ihm zugänglichen Gebiete des Wissens und Beobachtens. Außergewöhnliche Gelehrsamkeit und Belesenheit, lebhaftes Interesse für den vorgetragenen Stoff, wahre Frömmigkeit und warme Begeisterung für sein Vaterland, volkstümlicher, gesunder Humor, kernige, treffende Vergleiche, klare und gewandte Darstellung zeichnen seine Werke aus.
Die Triebfeder zu seiner Schriftstellerei war nicht etwa das Streben nach Anerkennung - hat er doch

nicht eine einzige seiner Schriften selber veröffentlicht ! - sondern die innere Befriedigung, die für ihn selbst daraus erwuchs, und der Wunsch, mit seinen Aufzeichnungen spätere Generationen allerlei Merkwürdigkeiten über sein Heimatland zu hinterlassen, sowie seinen Kindern, denen er auch mündlich viel zu erzählen pflegte, "einen Natur-, Welt- und Zeitspiegel vorzuhangen, damit sie daraus erkennen möchten, in was für rauhem Gebirge und trübseligen Zeiten sie erzogen worden, und wie er mitten unter den gefährlichsten Kriegsläufften GOttes und der Natur Wunder angemercket , und sein bekümmertes Gemüthe nebenst seinen unausgesetzten Ampts-Verrichtungen mit Schreiben belustiget."

Von allen Stoffen, mit denen er sich beschäftigte, zogen ihn die am meisten an, welche eine Beziehung hatten oder die er in Beziehung setzen konnte zu seinem Vaterlande. Dieses zu verherrlichen hält er für eines der höchsten Ziele eines Schriftstellers. Darauf weist er in den wenigen schönen als treugemeinten Alexandrinen hin, mit denen er die lateinischen Worte eines Landsmannes übersetzt :

Es ist so mancher Sinn als Kopf bei den Gelehrten,
Wann sie durch Bücher-Gunst unsterblich wollen werden;
Ein jeder wehlet sich nach seinem Zweck und Rath,
Worzu sein muntrer Geist Lust und Beliebung hat.

> Wer seines Vaterlands Geschichte kann beschreiben,
> Der weiß, nächst GOtt, die Zeit erbaulich zu vertreiben,
> Denn darmit dient er wohl, die Nachwelt macht er klug,
> Und schreibt sich selbst mit ein in das Gedächnis-Buch -

ebenso , wenn er die Worte Ovids : - pius est patriae facta referre labor mit den Versen wiedergibt :

> Ein frommes Land-Kind macht bekand
> Mit Mund und Schrifft sein Vaterland.

Da er sich nun von dem Grundsatz leiten ließ, daß ein jeder möglichst davon schreiben sollte, was ihm nach Raum und Zeit am nächsten liege, so beschränkte er seinen Stoff auf immer engere Kreise; daß diese Beschränkung eine freiwillige und nicht durch Unkenntnis geboten war, wird uns später ein Überblick über die von ihm beherrschte ältere und zeitgenössische Literatur zeigen. Er beschreibt zwar deutsches Land, deutsche Geschichte und deutsche Sitten, aber das Meißner Land stellt er dabei in den Vordergrund, insbesondere sein geliebtes Erzgebirge, von diesem wieder hauptsächlich den südwestlichen Teil, und von den Orten daselbst erwähnt er wohl keine anderen so häufig als Elterlein und Scheibenberg. Der Zeit nach geht er zwar in die entlegensten Fernen zurück, bespricht von Christi Geburt an jedes Jahrhundert für sich, allein dem zu seiner zeit Geschehenen, vor allem dem, dessen Augenzeuge er gewesen oder wofür er die mündlichen Aussagen sicherer Gewährsmänner anführen kann, gibt er den Vorzug. damit haben wir eine Haupteigentümlichkeit des Mannes gestreift : trotz aller Gelehrsamkeit war er doch kein Stubengelehrter, sondern erhielt sich in beständiger frischer Fühlung mit dem ihn umgebenden Leben, und die hier gemachten Beobachtungen in Einklang zu bringen mit dem, was die Skribenten alter und neuerer Zeiten überliefert haben, darin lag für ihn ein besonderer Reiz.

Wir haben früher gesehen, daß er seinen Sohn Christian schon als Kind anleitete, über alle merkwürdigeren Erlebnisse und Wahrnehmungen eine Art Tagebuch zu führen. Dasselbe hatte auch er von Jugend auf getan. Es müssen stattliche Kollektaneen gewesen sein, aus welchen mit der Zeit eine so große Reihe umfangreicher Schriften hervorgehen konnte. Da waren die Zeitereignisse aus der großen Welt eingetragen, Vorkommnisse in Fürstenhäusern und Adelsgeschlechtern, Nachrichten über berühmte Männer auf allen Gebieten, über Witterungsverhältnisse und anderweitige Erscheinungen in der Natur, über Ortsgeschichte, ferner Begebenheiten aus dem eigenen Leben und mehr noch aus dem seiner Landsleute und vieles Andere. Um diesen Schatz an Aufzeichnungen möglichst zu erweitern oder in einzelnen Teilen zu vervollständigen, scheute er keine Mühe. Unverdrossen durchwanderte er das Gebirge, durchforschte er Berge und Wälder, Gruben und Hammerwerke nach Merkwürdigkeiten, suchte er in den Archiven von Städten und Dörfern nach Schriftdenkmälern; und wo er sonst etwas Wissenswertes erfahren zu können glaubte, da zog er Erkundigungen ein, bei reichen Hammerherren und Vornehmen von Adel wie bei armen Kräutlern (Kräutersuchenden) oder Exulanten. Von einigen auswärtigen Freunden erhielt er auch schriftliche Mitteilungen, im allgemeinen aber fand er trotz vielfältigen freundlichen Ersuchens nur wenig Unterstützung.

Machen wir jetzt den Versuch, uns ein wenig in seiner Bibliothek umzusehen. Eine vollständige Aufzählung der von ihm benutzten Schriften würde ermüden, werden doch allein im Schauplatz beinahe 300 verschiedene Werke zitiert, und mag er auch, dem Zuge seiner Zeit folgend, um den gelehrten Apparat zu vermehren, hie und da ein indirektes Zitat nicht verschmäht haben, so zeigt doch die große Mehrzahl der Anführungen deutlich, daß er die betreffenden Bücher wirklich gelesen oder nachgeschlagen habe.

Der **Heiligen Schrift** gedenkt er sehr häufig, aber bemerkenswert ist dabei, daß sich neben zahlreichen Stellen aus dem alten Testamente nur ganz vereinzelte aus dem neuen finden.

Von **theologischen Autoren** nennt er die

Kirchenväter Basilius, Augustinus, Hieronymus, Eyprianus (z.B. ad Demetrianum), die Kirchenschriftsteller Eusebius Pamphili, Ecclesiasticae historiae libri decem; Tertullianus, Sulpicius Severus, Liber de vita beati Martini; Clemens Alexandrinus, ferner Thomas a Kempis, die Kommentare des Dresdner Oberhofpredigers Matthias Hoe von Hoenegg, Johann Christoph Hahn, Gottes Hand und Geißel; unter vielen anderen Predigten die des Annaberger Bergpredigers M. Philipp Schreiter.

Von **Schriftstellern des klassischen Altertums**, sowie griechischen und lateinischen Skribenten aus späterer Zeit werden bei ihm viele namhaft gemacht; von **Griechen** : Homer, Pindar, Aristoteles, Meteorologica; Hippokrates, Apollonius Rhodius, Argonautica; Berosus Chaldäus, Diodorus Siculus, Eratosthenes, Josephi Antiquitates Judaicae, Philo Judäus, Plutarch, Strabo, Ptolemäus, Arrianus, Appianus, Photius, Suidas. Noch zahlreicher finden wir die **lateinischen** Schriftsteller vertreten: Cäsar, Cicero, Vergil, Horaz, Ovid, Manilius, L. Annäus Seneca, Questiones naturales, De ira, De providentia; Vitruvius Pollio, Silius Italicus, Phädrus, Juvenalis, Martialis, Velleius Paterculus, Valerius Maximus, Curtius Rufus, Cornelius Tacitus, Pomponius Mela, C. Plinius Secundus, Columella, De re rustica; Älius Spartianus, Claudius Claudianus, De laude Stilic.; C. Julius Solinus Polyhistor.

Von **Humanisten** und **Neulateinern** bezieht er

sich unter anderen auf Conrad Celtes*, Conrad Peutinger, Sermones convivales de mirandis Germaniae antiquitatibus; Wilibald Birkheimer*, Joachim Camerarius, Scaliger (ob Vater oder Sohn, ist nicht zu ersehen) Gerardus Johannes Bossius, Marcus Antonius Muretus, den jüngeren Petrus Lotichius(2), Lycosthenes, De prodigiis.

Verfasser von **Geschichtswerken** werden in Menge genannt, z.B. Jornandes, De rebus Geticis; Paulus Diaconus, De gestis Langobard.; Saxo Grammaticus; Simaon Schardius, Rer. German. scriptores; Melchior Goldast von Heimingfeld, Alemannicar.rer.scriptores;Chr. Phil de Waldenfels, Selectarum antiquitatum libri XII; Hieronymus Henninges, Theatrum genealogicum, ein Werk, welches bereits 1750 von Jöcher als sehr selten bezeichnet wird, das man wohl mit 100 Talern bezahle; Eberhard Wasserberg, Päpstliche Historie; Veit Ludewig von Seckendorf, Commentarius histor. et apologet. de Lutheranismo; Joh. Justinus Winckelmann, Notita historico-politica veteris Saxo-Westphaliae; Ephr. Ignatius Naso, Prodomus historiae Silesiae; Zacharias Theobald, Historie von dem Hussitenkriege.

Wohl die am stärksten vertretene Gattung geschichtlicher Literatur ist die der **Chroniken**, und unter ihnen wieder vorzugsweise solche, in denen **sächsische Lokalgeschichte** behandelt wird. Wir greifen nur einige davon heraus : Petrus Albinus, Meißnische Land-und Bergchronik, sowie dessen Zwickauer Chronik; die Sächsische

Chronika der Brüder Johann und Samuel Pomarius nebst der Fortsetzung von Matth. Dresser; Fabricius, Annales Misnae urbis; die Chronik des Presbyters Siegfried zu Meißen; Laur. Faust, Geschichts-und Zeitbüchlein der Stadt Meißen; Schmid, Chronicon Zickaviense; Paulus Jenisius, Annales Annaebergenses; Cobanus Hesse, Carmen de S. Annaemonte; Joh. Rivius, Descriptio Mariaebergae.

Auch **Handschriften** wurden von ihm benutzt, so geschriebene Annalen von Frauenstein, Stollberg, Lößnitz, auch eine Schneeberger Chronik von Petrus Albinus, welche unter dessen hinterlassenen Manuskripten von Jöcher nicht mit aufgeführt wird, während Tentzel bei Erwähnung derselben sein lebhaftes Bedauern äußert, daß die Städtechroniken und andere nie publizierte Arbeiten des fleißigen Mannes der Forschung nicht zugänglich seien.

Ebenso wurden **Kirchenbücher** von ihm zu Rate gezogen, was um so größeren Wert für uns hat, da die in den Gemeinden noch vorhandenen selten bis zu den Zeiten des Dreißigjährigen Krieges zurückgehen.

Von Chroniken, welche über die Grenzen des engeren Vaterlandes hinausführen, seien nur erwähnt : M. Joh. Georg Pertsch, De originibus Bonsiedeliensium (Wunsiedel); Johannes Aventinus, Annales Bojorum; W. Hageck, Böhmische Chronik; Johann Dubravius, Historie von Böhmen in 33 Büchern; bertius, Descriptio Pragae; Zopff, Annales Geravienses;

Spangenberg, Chronik von Mansfeld; Mayer, Chronicum Quedlinburgense; eine Braunschweigische Chronik, deren verfasser nicht genannt wird; Micrälius Pommersche Chronik.

Damit haben wir uns bereits einem weiteren literarischen Gebiet genähert, dem der **Geographie** . Da begegnen uns die Schriften Philipp Cluvers und des schon als Humanisten erwähnten Conrad Celtes, Carmen de sylvia Hercinia; Sebastian Münsters Cosmographia universalis; Berhard Werner Happels* Mundus mirabilis tripartius (gewöhnlich kurz als Kosmographie zitiert); Mart. Olai Compendium universae geographiae; oder auch **Werken spezielleren Inhalts** , wie Kaspar Bruschs Traktat über den Egrischen Fichtelberg; Salomo Schweickers Reisebeschreibung nach Konstantinopel und Jerusalem (Nürnberg 1608); M. Pauli Veneti Beschreibung der großen Tartarey.

Von **Naturforschern** erwähnt er gern Georg Agricola (Bauer), so dessen Arbeiten De re metallica libri XII, De animantibus subterraneis, De ortu et causus subterraneorum, seinen Bermannus seu dialogus de re metallica u.a., häufig auch Conrad gesners Historia animalium (Zürich, 1550-1587). Andere Werke sind z.B. Schwimmers Physikalischer Lustgarten; Voigts Physikalischer Zeitvertreib.

Eine ganz besondere Vorliebe hatte er offenbar für die **Medizin.**Die zahl der Schriften aus dem Gebiete dieser Wissenschaft steht der der Chroniken nicht nach. Hippokrates ist oben unter den Griechen schon mitgenannt worden. Da wird Paracelsius zitiert, die alchemistischen Schriften Helmonts und seines Verehrers Cardilucius; der arabische Arzt Ibn Sina Avicenna, Athanasius Kircher, De arte medica (Rom, 1641); Kenelmus Digby, Medicina experimentalis; Michael Ettmüllers Werke;Jo. Joachim Becher, Trifolium hollandicum oder drey neue Erfindungen, sowie dessenChymisches Laboratorium; Geron. Cardanus, De subtilitata libri XXI (Nürnberg, 1550); Jo. Jac. Wecker, Antidotarium generale et speciale; Petrus Janichius, De affectibus mulierum; Adam Zabukiansky, Methodus herbarum (1592); D. Jodocus, Pestbüchlein. ferner zahlreiche Monographien über Gesundbrunnen und Mineralwasser, Badeinstruktionen usw., z.B. Leonhard Turneißer von Thum, traktat von Mineral-und Metallwassern (1572); Mart. Ruland (Frisingensis), Hydriatica seu aquarum medicarum lectiones. Abhandlungen über einzelne Bäder, namentlich viele über Kaiser Karls Bad, so unter anderem von Christian Lange,Wenceslaus Hilliger, Joh. Stephanus Strobelberger; sehr selten war schon damals D. Fabian Summers Tractatus de inventione, descriptione, temperie, viribus et usu Thermarum D. Caroli IV. Imperatoris 1571 Lipsiae impressus, sowiedie von seinem Bruder M. Matthias Summer herausgegebene deutsche Übersetzung davon, die lateinischen wie die deutschen Exemplare waren bei der furchtbaren Überschwemmung des Bades am 9. Mai 1582 in Menge verdorben; ferner über Wiesenbad die Schriften von D. Johann Göbel, friedr. Garmann, Martin Pansa und M. Arnold, über das Marienberger Bad von Christ. Schuchmann, über Wolkenstein von D. August Hauptmann, über das Wildbad an der Enz von Joh. Deucer.

Auch einiger **Juristen** wird Erwähnung getan, so des Professors der rechte zu Wittenberg Benedict Carpzov und der Syntaxis artis mirabilis von Gregorius Tholosanus.

Von Werken, die sich unter keine der vorstehenden Gruppen unterbringen lassen, seien wenigstens zwei genannt: Jac. Dan. Ernesti, Delitiae historicae oder Gemüthsergetzlichkeiten, und Joh. Adam Weber, Unterredungskunst. Noch einige weitere von Lehmann benutzte Schriften sind unten bei Gelegenheit der Textprobe aus dem Schauplatz erwähnt.

Sehr lohnend würde es nun sein, zu sehen, wie weit Lehmann sich mit den hier erwähnten wissenschaftlichen Disziplinen vertraut gemacht habe. Allein eine ausführliche Untersuchung hierüber würde genauere Kenntnis dieser Wissenschaften selbst voraussetzen, und eine mehr oberflächliche Darstellung wiederum könnte leicht in eine Aufzählung von Kuriositäten ausarten.

Die humanistischen Studien regten Lehmann an, sich selbst öfters in Wortableitungen zu versuchen. Die Etymologie war ja bis in die neueste Zeit ein weiter Tummelplatz erfinderischer Willkür, so wenn man aqua erklärte

: a qua vivunt omnia, oder aper quasi afer a feritate, Ableitungen, welche Lehmann bereits vorfand und nur gelegentlich mit anführt. In ähnlicher Weise leitet der Verfasser des Schauplatzes das Wort "Bär" von "auffbähren" ab, "dieweil er sich gewaltig in die Höhe richtet, auff 2 Beinen gehet, sich nach seinen Feinden umsiehet und sie also anfället."(Schaupl. S.536). Hauptsächlich sind es geographische Namen, mit deren Erklärung er sich befaßt, z.B. "Nürnberg quasi nur ein Berg", und zwar will er dabei "der teutschen Helden-Sprach die Unehre nicht anthun und derselben Stamm-Worte aus frembden Sprachen herführen,"so hält er denn den Namen Sudeten, worunter er, dem alten Sprachgebrauche folgend, das Erzgebirge versteht, als zusammengesetzt aus Sud und Öde, es bezeichne also eine "Mittagswüste, weil diese vorzeiten sehr wüste und wilde Wald-Kette vom Nieder-Creyß des Meißner-Landes zu rechnen, mittagwärts auffsteige." Aus diesem Grunde hält er fest an der nächstliegenden Erklärung von "Fichtelberg", obwohl der gelehrte Agricola daran Anstoß genommen habe, weil im der Name zu general sei, "massen so noch alle andren mit Fichten bewachsenen Berge auch müsten Piniferi oder Fichtelberge heißen," und obwohl andere das Wort aus dem Griechischen herleiten wollten; ebenso will er auch nichts davon wissen, Pilberg (Pöhlberg bei Annaberg) mit pyla zusammenhänge, gleichsam als Grenzberg und Pforte in und aus Böhmen...

Eine der anziehendsten Studien, zu denen die Lehmannschen Schriften Veranlassung geben, und zugleich wertvoll für die Kulturgeschichte des Jahrhunderts ist die Erörterung der Frage, welche *Stellung* ein von den Fortschritten der Wissenschaft so unterrichteter Mann zu dem **Aberglauben seiner Zeit und seiner Heimat** einnahm. Nach dieser Richtung einige Blicke!
Magister Lehmann befindet sich in dieser Beziehung in einem steten Kampfe mit sich selbst : er weiß recht wohl, daß die Wissenschaft über viele der abergläubischen Ansichten, in denen er aufgewachsen ist, zum Teil längst den Stab gebrochen hat, und er möchte so gern sich mit den gelehrten Forschern über die Altweibermärlein hinwegsetzen, er wagt auch hie und da einen Versuch, es zu tun, aber die Gewohnheit ist doch zu mächtig, sie zieht ihn immer wieder in die alten Bahnen des Volksglaubens zurück, und namentlich verleitet ihn das Festhalten an gewissen religiösen Vorstellungen zu immer weiteren Zugeständnissen. Wohl schließt er gelegentlich Aufzählungen abergläubischer Mittel oder wunderbarer Begebenheiten mit einem Credat Judaeus Apella! bezeichnet sie wohl gar als Allfantzereyen, oder er müht sich ab, Sagen auf natürliche Erscheinungen zurückzuführen, wie in dem interessanten Kapitel über die Zwerge im Gebirge, das weiter unten als Probe aus dem Schauplatz vollständig mitgeteilt ist; ungleich häufiger jedoch sind die Stellen, an denen er die

vernunftmäßige Erklärung zwar anführt, sich aber trotzdem mit seiner Ansicht auf die Seite der "gottseligen Antiquität" stellt, oder an denen er die unglaublichsten Dinge ohne jeden Zweifel an ihrer Wahrheit mitteilt.

Daß man in den *Kometen* Weltkörper zu erblicken habe, welche zu gewissen Zeiten "aus der unermeßlichen Tiefe des Himmels hervortreten und dem Auge sichtbar werden", daß ihr Lauf genau berechnet werden kann, ist ihm wohl bekannt, dennoch erblickt er in der Erscheinung ein so abstruses Naturwunder, in welchem noch keiner alle Zweifelsknoten aufgelöst habe und - das ist ihm eben die Hauptsache - er "*erachtet erbaulicher zu seyn,* daß man Kometen für *böse Propheten* halte, als derselben schreckliche Würkungen mit einigen gekünstelten opinionibus in Wind schlage." (Schaupl. S.368).

Auch *Erdbeben* haben für ihn ihre natürlichen Ursachen, und ist dennoch Gottes Wunderhand darunter verborgen, denn sie sind *Zeichen* göttlicher Allmacht, gerechten Gerichtes und *bevorstehender Strafen.*(Schaupl.S.393).

Irrlichter hält er für fette schweflichte Dünste, die aus Berggruben, Gottesäckern und Gerichtsstätten ausdämpfen und durch die Nachtluft zu Sommers- und Herbstzeiten entzündet werden; das hindert ihn aber nicht daran zu glauben, daß der leidige Satan sein Spiel darunter treibe. (Schaupl.S.420).

Von prodigiösen* Stein-, Milch-, Fleisch-, Blut-, Fische-, Holz-, Woll- und anderen *Wunderregen* weiß er aus eigener Erfahrung nicht zu erzählen, aber ältere Chronisten berichten doch davon, an deren Glaubwürdigkeit er nicht zweifelt, und er bittet daher den Gott aller Barmherzigkeit, daß er das Erzgebirge und alle Lande vor dieser erschrecklichen *Vorboten seiner unausbleiblichen Gerichte* behüten möge.(Schaupl.S.423)

Daß die Schloßen wunderliche Gestalt haben können, sogar Fratzen, menschlichen Gesichtern nicht unähnlich, hat er selbst bei einem schrecklichen Hagelwetter in Scheibenberg observieret, und S. 348 bringt er Abbildungen davon.

Ganz zuwider sind ihm die Versuche, Wunderzeichen und *ominöse Erscheinungen am Himmel*, wie man sie zu seiner Zeit so viel wahrzunehmen glaubte, auf rationelle Weise zu erklären als ein Spiegelfechten, indem die irdische Begebenheit in spiegelflachen Wolken gleich den Nebensonnen repräsentiert würden. Ein Verständiger könne die Nichtigkeit dieses Vorgebens aus "derer Erscheinungen sowohl abentheuerlichen Unvergleichlichkeit als auch *importirlichen eventu* abnehmen."Schaupl.S.399). darauf folgt eine zwölf Quartseiten lange Beschreibung derartiger Omina mit Abbildungen dazu. Ganze Begebenheiten, Kriegsszenen, Mordgeschichten usw. spielen sich da in den Wolken ab, oder es zeigen sich wilde Tiere, Schwerter, Geschütze, Totenbahren mit Särgen, Kruzifixe, Ruten und anderes mehr, und das damit angedeutete Unglück bleibt niemals aus. Oftmals werden große Schlachten auch durch heftige Stürme im Gebirge angedeutet, ferner ist das Blühen von Rosen und anderen Blumen zu ungewöhnlicher Zeit der Vorbote von Krieg und Pest. (Schaupl.S.420).

Die *Wunder*, welche sich am *Menschen* schon vor und bei seiner Geburt zeigen, beschäftigen ihn viel, und auch hier hält er zumeist an dem Althergebrachten fest. Was das Weinen des Kindes im Mutterleibe anbelange, so könne er sich trotz der entgegenstehenden Ansicht des gelehrten Arztes Bartholinus nicht bereden lassen "daß dergleichen ebentheuerliche Klagstimme nicht von außerordentlicher Gotteshand zur Warnung eines bevorstehenden besorglichen Unfalles sollte erwecket werden."(Schaupl.S.706).

Muttermale und unförmliche Gestalten werden seiner Meinung nach "durch die äusserlichen Sinnen vermittelst der Einbildungs-Krafft und *Zulauff der immer geschäfftigen Geisterlein* der Leibesfrucht eingedruckt", die Augen seien ja die allerschärffsten und geschwindesten Postillione und Feuerspiegel, dadurch die äußeren Objecta den innerlichen Sinnen vorgestellt würden". (Schaupl.S.712).

Von prodigiösen Warnungszeichen an neugeborenen Kindern handelt ein ganzes Kapitel des Schauplatzes. Die spöttische Welt pflegte solche Beispiele freilich der bloßen Einbildungskraft zuzuschreiben, um dadurch ihrem schlafenden Gewissen und ihrer Weltmode nicht wehe zu tun, ein Gottesfürchtiger aber merke des Herrn Werk und lasse sich durch die Wundergüte Gottes zur Buße leiten und lege die alamodische Larve beizeiten ab. Und nun erzählt Lehmann, als grausames Vorzeichen der jämmerlichen Zerstörung Magdeburgs, wie 1630 daselbst ein Soldatenweib bei der Geburt eines Kindes gestorben sei, das mit voller Soldatenmontierung, einem Casquet auf dem Kopfe, einem Harnisch, Alamodestiefeln und mit einem am Leibe hängenden Bandelier versehen gewesen. Als nach dem Dreißigjährigen Kriege sich die leidige Weiberhoffart mit allerlei Haarschmuck, Zöpfen, Umgebinden, Zipfelmützen allmählich wieder angefangen habe, da sei diese bestialische Undankbarkeit von Gott durch Vorstellung abscheulicher Geburten an Menschen und Vieh gerügt worden. Darauf folgen zahlreiche Beispiele aus dem Gebirge mit vielen Abbildungen; zum großen Teile rühren diese Kapitel von den Fortsetzern her, alle über das Jahr 1688 hinausreichenden Begebenheiten müssen ja von den Söhnen nachgetragen sein, ein Beweis, daß diese noch in denselben Ansichten befangen waren wie ihr Vater- wie Kinder oder Tiere mit Auswüchsen am Kopfe geboren worden seien, die ganz alamodischen Zipfelmützen und Fontangen geglichen hätten, auch an Pflanzen habe man dasselbe beobachtet. Ebenso habe der gerechte Gott im Unwillen darüber, daß der leidige Satan der allerheiligsten Passionszeit zum Schimpf die ärgerlichen Fastnachtslarven aus der Heidenschaft eingeführt habe, im Jahre 1652 ein

Kind von einer gräßlichen Larve entstellt zur Welt kommen lassen.

Daß überhaupt an dem ursprünglich nach Gottes Bilde erschaffenen Menschen so vielfache und oft so abscheuliche Ungestalt vorkommen könne, das gilt Lehmann für ein unfehlbares Zeichen der Erbsünde, das mit keinen Tränen genugsam bejammert werden könne. Gott verfolge einen doppelten Zweck damit : einmal habe er dabei die Besserung der Frommen und Bestrafung der Gottlosen im Auge, besonders aber wolle er die Entdeckung heimlicher Sünden herbeiführe und *bevorstehende Land- oder Stadtplagen* andeuten. (Schaupl.S.722)

Wenn er, wie wir gesehen, sich mißtrauisch zeigte gegen Ergebnisse der Forschung, welche zu seiner zeit bereits feststanden, so hatte dies zum Teil seinen Grund mit darin, daß er so viele Vorkommnisse in der Natur wahrnahm oder wahrzunehmen glaubte, für welche auch die Wissenschaft keine Erklärung wußte. "Es sage mir doch der allerklügste Naturforscher ", so ruft er einmal aus ," woher kommt es, daß eine Habichts-Klaue Geld an sich zieht?" Und an diese eine schließen sich in buntem Gemisch eine ganze Reihe verschiedener Fragen, mit denen er die Wissenschaft seiner Zeit kühn herausfordert. Wie nach es sein könne, daß das Gold von Menschenhaaren auf glühenden Kohlen gefärbt werde? Wie hoch das Heil- und Wundholz vom Eschenbaum Blütstürze incantamenti instar (gleich einer Zauberformel) plötzlich stille, "massen dann viele Werckleute im Gebirge dieses Holz glücklich gebrauchen?" Daß Kinder, welche zur Zeit der Kirschblüte entwöhnt sind, so leicht ergrauen? Daß Feuerfunken nicht nur aus dem Rücken einer in der Finsternis mit der Hand gestrichenen Katze, sondern auch aus des Menschen Augen, sowie aus einem gehobelten erhitzten eichenen Brettlein, wenn es im Finstern mit der Hand gestrichen wird, sichtbar herausspringen? Daß die Südwinde und Mittagswetter den Jagdhunden die Spur nehmen? Daß ein mit des Verwundeten Blut benetztes Tüchlein beim Feuer der Wunde Hitze und Entzündung, an der frischen Luft aber Kühlung und Linderung verursache? Und vieles Ähnliche mehr. Dahin gehört es auch, wenn er an einer anderen Stelle als "noch nicht ausdisputirt" bezeichnet, woher die cruentatio, der Blutfluß eines Erschlagenen, komme, wenn verdächtige Personen an dessen entseelten Körper geführt werden, - ein altgemanischer, aus dem Nibelungenliede allgemein bekannter Glaube! - "Wir müssen", so schließt er, "unterschiedliche Natur-Geheimnisse einer unerforschlichen Würckung der Göttlichen Weißheit zuschreiben."

Zu demselben Ende, daß Gott seiner Allmacht vieles vorbehalten habe, was der menschliche Geist nicht auszuspüren vermöge, gelangt er bei fast allen derartigen Betrachtungen. Daher verwirft er das abergläubische *Nativitätenstellen*, dadurch auch solche casus und fata, die der Allweise in seinem unerforschlichen Rat dem Menschen verborgen, fürwitzig entdeckt werden sollten, und rechnet sie unter die verbotenen Künste (Act.IX,19) und heidnischen Wege (Jer. X,1,2). Der Einfluß der Gestirne auf menschliche Dinge sei nicht zu leugnen, habe er doch selbst beobachtet, daß die unter Mondfinsternissen geborenen Kinder vielen Veränderungen unterworfen gewesen, und daß Kinder, die während einer Sonnenfinsternis geboren, meist gekränkelt hätten und bald gestorben wären. Aber die "Stern-Gaukeley eitler abergläubischer Köpfe" ist ihm verhaßt, wenn er auch Fälle genug anführen muß, in denen die aus der Stellung der Sterne geweissagten Schicksale wirklich eintrafen, unter anderem wird auch der Tod des Grafen Albertus von Wallenstein mit genannt. Dann gilt es nur wieder seine Zuflucht in dem Höchsten zu nehmen: "Ich achte und glaube, das Generalthema aller Menschen bestehe in der heiligen Fürsorge GOttes: Tua, Pater, providentia cuncta gubernat! Und könne das angedrohte Übel durch Gebet abgewendet werden."

Desgleichen bezeichnet er die Induration*, das *Fest-oder Gefrorenmachen* des Leibes, einen besonders unter den Heeren des Dreißigjährigen Krieges ganz allgemein verbreiteten Aberglauben, wonach man sich und andere gegen Kugel, Hieb und Stich sichern könnte, als ein verdächtiges Werk der Finsternis, das keinen Christen anstehe, sondern den Kindern des Unglaubens, in welchen der starke Gewappnete (d.i. natürlich der Teufel) seinen Palast bewahre. Aber auch hierbei machen wir wieder dieselbe Beobachtung wie im vorausgehenden: trotz des Abscheus, welchen er vor dieser unheimlichen Kunst empfindet, glaubt er doch an sie und zählt eine Reihe von Beispielen auf, wie solche "Festgebackene" allen Waffen stand hielten und erst wieder durch andere Zaubermittel unschädlich gemacht werden mußten, z.B. indem man ihnen die Teufelei in Gestalt einer Hummel aus dem Leibe purgierte(4), Magnet in die Kugeln goß, den Degen vorher durch Brot oder frische Erde zog u.Ä.; dann bricht er mit der Bemerkung ab, weitläufige Exempel davon anzuziehen, sei christlichen Herzen viel mehr verdrießlich und schädlich als erbaulich. Zu den Beispielen, welche Lehmann anführt, gehört auch folgendes: Ein Elterleiner Schlosser, Zacharias Vogel, der eine gute Zeit im Kriege gedient hatte und endlich Leutnant geworden war, verstand es nicht nur sich und andere Menschen fest zu machen, sondern auch Tiere, Brot und alle Speisen, so daß niemand, ehe er es wollte, einen Bissen abschneiden konnte. Als er jedoch mit einigen anderen Gefrorenen in Streit geriet, schlugen ihn diese mit Prügeln, Äxten und Spaltkeilen tot, dann wurde er "sine lux et crux" eingescharrt. (Schaupl.S.874).

Ebenso erklärt er es auch in anderen Dingen für unchristlich, *verbotene Mittel* zu gebrauchen, etwa um Schaben oder ähnliches Ungeziefer zu vertreiben, doch berichtet er, daß es mit gutem

Erfolg geschehen sei.

Ein Kapitel, in welchem eine große Menge abergläubischer Mittel namhaft gemacht werden, Segensprechen, das Tragen von Amuletten, das Anbringen von Drutenfiguren, allerhand Hokuspokus "aus der Alten Weiber Philosophie" gegen Krankheiten u.a. endet mit den Worten: "Der gottselige Leser wird sich bey Beschluß dieser Lection seines heiligen Tauf-Bundes erinnern, und herzl. seufftzen, daß ihn der Barmherzige GOtt für allen solchen Unchristlichen und ärgerlichen Greueln in Gnaden um Christi willen behüten wolle."(Schaupl.S.903)

Ahnungen und *Träume* hatte er an sich und anderen ihm nahestehenden Personen zu oft in Erfüllung gehen sehen, als daß er über sie schlechthin hätte aburteilen können, doch will er diese "Real-Ahntungen" wohl unterschieden wissen von abergläubischen Gaukeleien und Einbildungen. Zu letzteren rechnet er das nächtliche Anklopfen, Fallen und Heulen, wovon der gemeine Mann glaube, es müsse notwendig darauf ein Todesfall erfolgen. Ein gläubiger Christ, dessen Leben und Tod in Gottes Hand stehe, werde dieses, oftmals aus "corrupter Einbildung" oder aus ungefährlichem Zufall, durch Zerspringen von Brettern, Nägeln, Tischplatten oder auch aus *gespenstischem Poltern* ergangene Fallen und Klopfen wenig achten. "Ein *guter* Engel", so beruhigt er ängstliche Herzen, " schrecket und poltert nicht; ein *böser* kan des Menschen Sterbens-Termin, welchen GOtt seiner

Macht vorbehalten, nicht unfehlbar wissen, weil GOtt das natürliche Lebens-Ziel nach Erkäntniß seines Straff-oder Gnaden-Willens verkürzen oder verlängern kan. Es ist ohne Zweifel des Satans Gespenst, daß oft ein Stück Vieh, zu Stärckung des Aberglaubens, tod gefunden wird." Man glaubte nämlich, wenn ein solches Fallen vernommen worden war, daß man das einem Menschen drohende Unglück auf ein Stück Vieh abwenden könne, wenn man sagte: Falle auf meine Ziege! u.s.f., oder wenn man dem Poltergeiste mit folgenden Versen antwortete :

"Gütgen*, ich gebe dir mein Hütgen,
Wilstu den Mann, ich gebe dir den Hahn;
Wilstu die Frau, nimm die Sau;
Wilstu mich, nimm die Zieg;
Wilstu unsere Kinder lassen leben,
So will ich dir alle Hühner geben."

Pfarrer Lehmann sah mit eigenen Augen, daß eine Henne, die man auf diese Weise weggeschenkt, am andern Morgen tot auf dem Oberboden lag, "als wann sie unter einer Presse gedruckt worden wäre." Werde dagegen bei dem Tode eines Frommen ein ungewöhnliche Poltern gehört, so könne man dies wohl für einen Kampf der guten und bösen Engel halten, wie einst Michael wider den Satan über den Leichnam Mosis gestritten habe.
Der Dualismus, welcher sich in dem bereits angeführten deutlich zu erkennen gibt, ist bei

Christian Lehmann zur festen Überzeugung geworden. Vom Teufel und seinen Scharen gehen alle die casus praeternaturales, die unheimlichen Erscheinungen und *Spukgeschichten* aus, von denen es so viel erzählt, und gegen sie gibt es nur ein Mittel, das Gebet zu Gott.

Wie der Satan als Schlange einst zu Eva geredet, so möge der höllische Schlangenkönig auch jetzt noch bisweilen diese Gestalt annehmen, wie es denn auf dem Riesengebirge oft geschehen sei, daß "der gespenstische Riebenzahl" bald wie ein Drache geflogen gekommen, bald wie eine ungeheure Schlange sich um die Bäume gewunden und mit dem Kopfe oben durch den Zwiesel* herabgesehen habe.

Daß man die Raben für Unglücksvögel hält, ist ganz recht, denn man hat einen wohlbegründeten Abscheu, sie zu schießen, denn der leidige Höllenrabe kann sich darunter verstecken. Am 7.November 1654 wollte der Amtshauptmann Wagner einen Raben aus seinem Lusthäuschen schießen, er traf zwei Raben, aber auch einen Drescher in der Scheune, dem der Schuß durch den Leib ging.(Schaupl-S.693)

Sehr gern nähert sich der Teufel den Menschen in Gestalt wilder Landleute, besonders den Frauen, um sie zu verführen. Daß mindestens in früherer Zeit böse Geister, unmenschliche Satyri, Fauni, Dryades und andere monströse Teufelslarven in Wäldern und Feldern, Bächen und Felsen, Gehängen und Klüften des Gebirges in Menge gehaust haben, hält Lehmann für hinlänglich bewiesen durch das Vorkommen von Namen wie Teufel- und Höllengrund, Höllwiese, Teufelsstein, Teufelsbrunn, Teufelssee, Rabenberg u.a. Aber auch zu seiner Zeit fehlte es, wie gesagt , nicht an allerlei Teufelsspuk, die Erzählungen davon finden sich hundertweis, und auch bei diesen Geschichten ist genau Jahr und Tag, sowie der Name der Gewährsleute angegeben.

Und ist auch Wunderbares dabei, daß uns armen Sündern solches widerfährt? schreibt doch Eusebius von Christus selbst, daß er in seiner Anfechtungsangst in der Wüste und am Ölberg infernas ac tartareas beluas, agrestes et formidabiles formas, höllische Bestien und grausame Larven gesehen habe, daß er darüber heftig erschrocken und am Ölberge Blut geschwitzt habe. So erscheinen denn den Menschen in der Nacht ganze Kompagnien von Geistern, Reiter ohne Köpfe und viele andere Gespenster. Insonderheit hatte der höllische Jäger vor und in dem Dreißigjährigen Krieg auf den hohen Wäldern sein "Affenspiel", namentlich wenn etwa der Einfall einer feindlichen Armee bevorstand, dann erscholl es wie ein starkes Jägergeschrei in den lüften. Man hieß es insgemein das *wütende Heer*, und erblickte darin einen bösen Vorboten.

Das Vorhandensein aller dieser Gespenster stellt also Lehmann nirgens in Abrede, das Gefährliche solcher Erscheinungen liegt für ihn nur darin, daß einfältige und furchtsame Leute gar leichtlich alle erschrecklichen Larven und Popanze des Satans für heilig und göttlich halten möchten. (Schaupl.S.79). Dieselben Vorstellungen, denselben Gespensterglauben teilte auch sein Sohn Christian, der Freiberger Superintendent, welcher zu den vom Vater begonnennen Kapiteln über Aberglauben u.s.w. viele Beispiele nachgetragen hat. Wird uns doch aus seinem eigenen Leben eine ganz unglaubliche Geschichte erzählt. Am 12. Juli 1677 war seine Frau, begleitet von seinem Bruder Immanuel und dessen Weibe, nach Bärenstein geritten, um einen Freund zu besuchen. Christian geht ihnen gegen Abend ein Stück entgegen und erwartete sie in einem kleinen Wäldchen, seine Predigt für den folgenden Tag memorierend. Da hört er in der Ferne Pferdegetrappel; in Erwartung, daß es die Seinen wären, blickt er auf und gewahrt zu seinem Entsetzen einen "Reuter ohne Kopf in sonst greulicher Gestalt auff einem nicht weniger abentheuerlichen Pferde." Er befiehlt sich in Gottes Schutz und eilt nach Hause. Nach anderthalber Stunde kommt sein Weib zitternd und sprachlos vor Schrecken, etwas später auch die anderen beiden in dem gleichen Zustande. Aderlassen und andere Mittel bringen zuerst seinen Bruder wieder zu sich, und dieser erzählt, daß auch ihnen an dem nämlichen Orte das gleiche Gespenst erschienen sei, die Pferde seien voller Schnauben mit ihnen durchgegangen, hätten die Frauen abgeworfen, und ihn habe das seine vom Damme beinahe in den Teich gestürzt. Da erkannten sie die Macht der Finsternis und priesen Gott, der sie zwar hatte erschrecken, aber nicht umkommen lassen.

Dennoch behauptete sein Neffe Grabner ausdrücklich, von ihm, er sei nicht abergläubisch gewesen, habe aber bei ungewöhnlichen Aspekten am Himmel, seltsamen Begebenheiten und sonderbaren Träumen eine erbauliche Anwendung daraus gemacht, So widerfuhr es ihm, als er sich 1669 nach seiner Ordination auf das Konsistorium begab, um sich konfirmieren zu lassen, daß unterwegs ein Pferd nach ihm biß und schlug. Dies veranlaßte ihn, Gott zu bitten, daß er ihn, wenn er nun in seinem Predigtamte allerlei Verfolgung auszustehen haben werde, in seinen väterlichen Schutz nehmen möge. Ehe er nach seiner Beförderung zum Superintendenten von Annaberg 1685 Dresden verließ, mußte er tags zuvor die Altstadt in Flammen aufgehen sehen. Auch darin erblickte er ein Vorzeichen für seine Zukunft : es werde ihm in seiner neuen Stellung die Hitze des Elends vielmals ins Auge schlagen, tröstete sich aber der göttlichen Verheißung(Jes.43,2,3) : So du ins Feuer gehest, solst du nicht brennen und die Flamme soll dich nicht anzünden; denn ich bin der Herr dein Gott.

Das sind nur einige allgemeine Bemerkungen über dieses interssante Gebiet; wollten wir sie vervollständigen und durch eine größere Zahl von Beispielen beleben, so würde dies allein eine Abhandlung für sich beanspruchen.

Nur *eines* der größeren Lehmannschen Werke ist durch Druck veröffentlicht worden, die übrigen sind im Manuskript geblieben. Wie viele von ihnen noch erhalten sind, vermögen wir vorläufig nicht anzugeben. Möchte dieses Schriftchen dazu beitragen, auf eine oder die andere der Handschriften, die jetzt vielleicht wenig beachtet auf einer Bibliothek liegt, aufmarksam zu machen. Für jede diesbezügliche Mitteilung würde der Herausgeber sehr dankbar sein. Diejenigen Werke, deren Auffindung am meisten zu wünschen wäre, sind die **Historia civilis et topographica (Nr.2), die Kirchenhistorie(Nr.4)** und die **Bergchronik(Nr.5).**

Wenn in Drucken des 18.Jahrhunderts M.Lehmanns und seiner Schiften gedacht wird, so geschieht es fast nie ohne einen Zusatz des Bedauerns, daß nur ein so kleiner Teil von ihnen zur Veröffentlichung gelangt ist; sie werden wohl auch, wie z.B. von Oesfeld II. S.96 als nicht mehr vorhanden bezeichnet. Daß sie schon bald nach dem Ableben des Verfassers großer Gefahr ausgesetzt waren, deutet der Herausgeber des Schauplatzes auf S. VII an : "Es haben sich nach seinem Tode die Zeiten so betrübt angelassen, daß gar leicht sein mit so großer Mühe gesammelter Schatz *vergraben geblieben wäre.*"

Vielleicht ist die Bemerkung sogar wörtlich zu verstehen. Die erfreuliche Tatsache jedoch, daß eins der großen Manuskripte im Original und von einem kleineren eine Abschrift sich bis jetzt wieder vorgefunden haben, läßt uns hoffen, daß weitere Nachforschungen auch zu weiteren

glücklichen Ergebnissen führen werden.
Über die Mehrzahl der Werke läßt sich zur Zeit also nur aus zweiter Hand berichten. Die Hauptquellen hierfür sind :
1. D. Chr. Lehmanni literae ad amicum de Sciptis Parentis sui ineditis, veröffentlicht in den 'Nova Literaria Germaniae, collecta Hamburgi mens. Apr. 1703, S. 137...
2. W.E. Tentzels Curieuse Bibliohec 1704.S.43 ff. Die hier enthaltene Besprechung der Lehmannschen Handschriften gibt wenig mehr als eine teilweise deutsche Übersetzung des vorgenannten Briefes; diese wieder findet sich abgedruckt in Struvii Bibliotheca Saxonia 1736 S. 106 ff. Tentzel beklagt es tief, daß so viele schöne Bücher gelehrter und verständiger Leute, wie die Lehmannschen, ungedruckt bleiben müßten; das sei aber nun einmal der genius saeculi, daß elende nichtswürdige Scharteken oft viel eher Liebhaber und Verleger fänden. Aus der von den letzteren vorgebrachten Entschuldigung, daß "die Schriften von Partikular-Städten und Ländern" nicht so abgehen wollten, macht er den Bücher*käufern* einen Vorwurf, weil diese nicht bedächten, daß aus solchen Werken die Universalhistorie viel besser und vollkommener dargestellt werden könne als aus allen Compendiis; eine Ansicht, die in unserer Spezialforschung so ergebenen Zeit nunmehr allgemein geteilt wird.
3. Die gelegentlichen *Erwähnungen* im *Schauplatz.* Bereits in der Vorrede Dr. Poeschels

wird die Mehrzahl derselben aufgezählt.

* * *

Der weitläufige Titel des Werkes lautet vollständig* :

I. N. J.

Christian Lehmanns Sen. weiland Pastoris
zu Scheibenberg
Historischer Schauplatz
derer natürlichen Merkwürdigkeiten

in dem
Meißnischen Ober-Erzgebirge /

Darinnen

Eine Außführliche Beschreibung dieser gantzen gebir-
gischen und angräntzenden Gegend / nach ihrem Lager /
Gestalt / Bergen / Thälern / Felßen / Flüssen / Brunnen /
warmen Bädern / Wäldern / Landes-Art / Früchten / Wilds-
bahne / wie auch observirten Zustand der Elementen /
Himmels-Zeichen / Witterung und allerhand curiösen
Begebenheiten / Wunder und Ebentheuer / Glücks- und
Unglücks-Fällen an Menschen und Vieh / enthalten /
Weiland von dem seel. Autore mit grossem Fleiß /
aus alten Schriften und Documenten / meistentheils
aber mühsamer eigener Erfahrung zusammengetragen /

Nun aber

Mit schönen Kupfern und nöthigen Figuren gezieret
und durch den öffentlichen Druck aufgethan

von dessen
Hinterlassenen Erben.

*

Leipzig / in Verlegung Friedrich Lanckischens sel. Erben
druckts Immanuel Tietze / im Jahr Christi 1699

* * *

[* Das Fettgedruckte ist im Original durch roten Druck
hervorgehoben.]

Die Bezeichnung "Schauplatz"oder, wie sie sich noch häufiger findet, Theatrum war ein im 16. und 17. Jahrhundert für Sammelwerke historischer, geographischer und anderer Merkwürdigkeiten äußerst beliebter Titel, und ein solches Sammelwerk ist denn auch die mehr als 1000 Quartseiten umfassende Schrift, von der wir hier sprechen. Auf wenigen Seiten eine nur einigermaßen genügende Übersicht über den reichen Inhalt der Werkes zu geben, ist, wenn mehr als eine ermüdende Aufzählung geboten werden soll, unmöglich, füllt das Inhaltsverzeichnis allein dreizehn Seiten! Tentzel hat in seinen monatlichen Unterredungen versucht, den Inhalt etwas ausführlicher zu schildern, die Abhandlung nimmt 69 Druckseiten in Anspruch und doch bricht sie ab, als kaum zwei Drittel besprochen sind. Dabei geht es ihm wie wohl jedem, der über den Schauplatz zu schreiben versucht: ehe er sich versieht, redet er mit Lehmanns eigenen Worten; sie sind ebenso anmutend durch ihre Biederkeit und Klarheit, daß, wer sie gelesen, dasselbe mit anderen Worten gar nicht wiedergeben zu können glaubt.

Ein sehr frischer, anregender *Streifzug* durch das Ganze wurde kürzlich in der wissenschaftlichen Beilage der "Leipziger Zeitung" (1883 Nr.26 und 27) von Hugo Rösch veröffentlicht. Wie durch das Gebirge selbst, über welches Lehmann schreibt, so würden sich auch durch sein Werk viele solcher Streifzüge unternehmen lassen, ohne daß einer dem anderen gliche, und jeder würde lohnend,

jeder für Geist und Herz erquickend sein.
Als Tomus Naturakis berzeichnet S.844 der verfasser selbst den Schauplatz im Gegensatz zu den übrigen Schriften, und daß von den Merkwürdigkeiten in der *Natur* die Rede sein soll, besagt ja auch der oben angeführte Titel hinlänglich. Doch tritt die eigentliche Naturforschung zurück, dazu habe ihn, wie er gelegentlich bemerkt, seine Amtsverrichtung und kriegerische Unruhen wenig kommen lassen, sein Hauptaugenmerk war auf *historische Begebenheiten* gerichtet, d.h. auf allerlei Erlebnisse und Vorkommnisse, welche in das Gebiet der Natur im weitesten Sinne fallen. So kommt es, daß das Werk zwar gewiß auch für den Naturforscher von Wert ist, auch der Historiker findet vielleicht manches Brauchbare darin, wenn auch nirgends etwas Zusammenhängendes, aber vor allen Dingen ist es doch eine Fundgrube für die *Kulturgeschichte* des 17. Jahrhunderts. Und der Wert ist um so größer, da Lehmann es nicht verschmäht hat, auch dem alltäglichen Leben seine Beispiele zu entlehnen. Seine Zeitgenossen würden daher vielleicht manche dieser Schilderungen, zumal bei der systematischen Zusammenstellung des Gleichartigen ermüdet haben, doch gewinnen sie ja mehr an Interesse, je weiter seine Zeit zurückliegt und je verschiedener sich das Leben gestaltet hat.
Da in die früheren Abschnitte dieser kleinen Schrift bereits zahlreiche Einzelheiten aus dem Schauplatz verflochten worden sind, besonders

eben solche, die uns Einblick in die Kulturverhältnisse des Jahrhunderts gestatten, so dürfen wir uns jetzt mit einigen ergänzenden Bemerkungen begnügen.

Das Buch zerfällt in siebzehn Abteilungen, von denen die ersten neun vom Gebirge im allgemeinen, von seinen Bergen, Wäldern, Felsen, Gewässern aller Art, von Witterungsverhältnissen, Mineralien und Pflanzen handeln, die folgenden fünf von den Tieren des Gebirges und die letzten drei von dem Menschen und menschlichen Zufällen.
In der Hauptsache beschränkt sich Lehmann auf den Oberkreis des Erzgebirges, d.h. auf den zur Annaberger Superintendantur gehörigen Distrikt, als das eigentliche Gebirge, und wagt es auch eine Karte davon zu geben, wiewohl noch niemand bis dato eine so hohe Station auf dem höchsten Gebirge, viel weniger in freier Luft habe finden können, um das ganze Obererzgebirge in einem einzigen Prospekt zu fassen und dessen Situation in einer accuraten Ichnographia vorzustellen.
Die Entstehung des Gebirges ist nach ihm auf die erste Schöpfung zurückzuführen und nicht etwa erst auf die Sündflut, welche die höchsten Berge bereits um fünfzehn Ellen überstiegen habe, wenngleich sich in seinen zerrissenen und zerklüfteten Felsen, in den zahllos umhergestreuten Steinblöcken augenscheinliche Merkmale dieser schrecklichen Zornflut

genugsam finden. Das durch sie dem Gebirge verliehene wilde Aussehen ist ihm geblieben und nur wenig gemildert worden mit der Zeit. Durchreisende Fremde haben mündlich und schriftlich über seine Wüstung und Gefährlichkeit viel Klage geführt.

Die Waldungen hingegen hatten zu seiner Zeit von ihrem ursprünglichen Umfang und ihrer Dichtigkeit bereits viel verloren und hatten Feldern und menschlichen Ansiedlungen Platz gemacht; und der Verfasser befürchtet, es möchte sich schon nach einigen Jahrzehnten das anfängliche Verhältnis umkehren und Holzmangel eintreten. Denn es würden gar zu viel Bäume alljährlich geschlagen zum Einheizen, für die Bäcker, für Brau- und Malzhäuser, für Berg- und Hammerwerke, Schmelzhütten und für den Bau der Flöße. Die Beobachtung, daß ganze Wälder bisweilen verdorren oder, wenn sie einmal abgetrieben sind, nicht wieder nachwachsen, veranlaßt ihn zu einer eingehenden Untersuchung. Nachdem er mancherlei natürliche Ursachen, wie z.B. giftigen Tau, morastigen Grund, schädliche Würmer, den zunehmenden Bergbau, das Abharzen der Bäume u.a. angeführt, fügt er noch einen weiteren moralischen Grund hinzu; auf manchem Waldraum liege Gottes Fluch und Unsegen, weil man Wälder "mit Schund und Vorteil" abgetrieben, armen Holzhauern, Köhlern und Waldarbeitern ihren blutsauren Lohn verkürzt oder vorenthalten habe, oder weil sonst manches Waldgebirge mit unschuldigem Blute, Raub und

Mord, Sünde und Schande besudelt worden sei, daß Himmel und Erde ihren Segen versagen müßten.

Die alte Reviereinteilung nach den Angaben Herzogs Johann Georg I., der 1607 als Landjägermeister zu diesem Zwecke den Wald beritt, deren Erneuerung durch die Kaiserliche und Kurfürstliche Grenzkommission 1677, das Verzeichnis der Grenzzeichen von Plauen i. V. bis Bautzen, die ehemaligen Straßen und sonstigen Wege des Gebirges, das alles und vieles andere wird von Forstkundigen noch jetzt gern gelesen werden. Andererseits werden die Aufzählungen der im Gebirge vorkommenden Erdgewächse, namentlich der Berg-, Wald-, und Feldkräuter samt ihren Fundorten und Heilkräften und aus den letzten Abteilungen die Kapitel über speziell gebirgische und menschliche Krankheiten überhaupt, fünfzig Seiten allein von der Pest, ihren Ursachen, Vorboten, Kennzeichen, den angewandten Arzneimitteln, über die schlechten Hilfs- und Arzneimittel des armen Mannes im Gebirge, über chirurgische Kuren und Schnitte u.s.w. u.s.w. für Naturforscher und Mediziner ein mindestens historisches Interesse stets behalten; nicht minder auch die Besprechung der erzgebirgischen Bäder, des Wolkensteiner und Marienberger Bades, des Wiesenbades und anderer Heilbrunnen, vor allem die ausführliche von Kaiser Karls Bade, das als ein rauher und wilder Ort mit schlechter Nahrung geschildert wird, aber schon damals bei seiner anerkannten

Heilkraft von "großen Herren und fürnehmen Leuten" viel aufgesucht wurde.

Die gleiche Gründlichkeit wie alles andre bekunden die Abschnitte über die Tierwelt. Aus ihnen spricht eine andächtige Bewunderung der Weisheit des allmächtigen Schöpfers, die sich desto größer zeigt, "je wintziger das Würmgen und seine Abtheilung, bunte Farbe, Geschwindigkeit und Bildung ist."(Schaupl.S.637) Tentzel versichert seinem geneigten Leser, wenn man allenthalben die Eigenschaften der Tiere so genau aufzeichnete und durch den Druck gemein machte, so würde in wenig Jahren eine vollkommene Tierhistorie daraus elaboriert und edieret werden können. Dabei ist auch diesen Abteilungen die allgemeine Teinahme der Leser gesichert durch die nach Hunderten zählenden kleinen Geschichtchen, welche überall eingestreut sind und um so zahlreicher und anziehender werden, je mehr der Mensch selbst in den Vordergrund tritt; ihn beobachtet Lehmann von der Stunde der Geburt an durch alle Wechselfälle des Lebens hindurch bis zum Grabe.

Freilich manche der kleinen Erzählungen klingen so unwahrscheinlich, daß wir oft versucht sind zu glauben, der Verfasser, der so gern zu heiterem Scherz geneigt ist, fände seine Freude daran, die Leichtgläubigkeit seiner Leser auf die Probe zu stellen. Allein wir würden ihm unrecht thun mit solcher Meinung, er selbst spricht es zu ernsthaft aus, daß er stets bei der Einfalt der ungeschminkten Wahrheit geblieben sei, daß er

aber "nebenst eigener Erfahrung *auffrichtiger Leute Relation getrauet habe, so weit sie der Wahrheit ähnlich geschienen.*"
Daß das Buch das Schicksal so vieler anderer teilen und wegen vorgekommener Irrtümer ungütige Censores finden werde, sieht sein Sohn Christian voraus; der selige Autor bekümmere sich jedoch nunmehr um seine Tadler nicht, auch bei Lebzeiten habe er bereits das Splitterrichten mit großmütiger Verachtung und christlicher Geduld überwunden und zu sagen gepflegt : "Wer mir nicht glauben will, der steige so lange über diß Gebirge, als ich, und trage mich lieber auff den Rücken, als im Maule." Wo ihm selbst Zweifel an der Wahrheit gekommen waren, da äußert er dies auch in irgend einem Zusatze, etwa wie S. 183, nachdem er von einer Magd erzählt hat, welche in der Höhle unter einem Felsen des Greifensteins einen von einem Hunde bewachten großen Kasten mit Gold gesehn habe, drei Tage darauf aber gestorben sei : "Obs wohl einem Mährlein ähnlich, iedoch *weils vor wahr ausgegeben worden,* hab ichs nicht präteriren wollen." Sonst aber müssen wir vieles seiner eigenen Naivität und Unbefangenheit zu gute halten, und gerade dieser Mangel an Kritik ist es ja unter anderem mit, der dem Werke für uns einen so großen Reiz verleiht; ohne ihn würde uns manche Sage, manche harmlose Erzählung, wie sie im Volke von Mund zu Mund geht, nicht überliefert sein.
Von nicht geringer Bedeutung ist der Schauplatz

auch in *sprachlicher Beziehung.* Der Autor, dem ein vortreffliches Schriftdeutsch zu Gebote steht, hat dennoch "die Gebirgischen Redensarten, als welche denen Einwohnern viel geläufftiger sind, öffters mit Fleiß beybehalten." Daher finden sich Worte, welche der Mundart seiner Heimat angehören in großer Menge. Hier nun einige Beispiele :
Orbs - Bezeichnung für die Stöcke von umgehauenen oder umgestürzten großen Bäumen ; **Oms-** und **Imsbären** - Ameisenbären; **Dutten** - papillae Schmetterling; **Aglaster -Elster** , mhd. agelastr, **Stilßer -** unter den Raubvögeln genannt; **Fore** - Forelle, mhd. vorhe; **Handquellen** - Handtücher, mhd. twehele; braun und blaue **Hübeln** - Flecken um das Kinn,mhd. hover, Höcker; **Einenckel** -Enkel, mhd. enikel; **Volant -** Teufel; **zannen** und schnurren, ebenso narren, vom Knurren des Hundes gebraucht; **zermerschen -** zermalmen; jemand stoßen und **kneren**; mit einem Wassertrog **ketscheln** (kippeln, daran wackeln), bis er umfällt; **külstern** und nach dem Gottesacker bellen (husten), noch jetzt im Gebirge **kilstern** ,hüsteln; zu kranken und zu **pipen** anfangen; **vorblecken** - hervorglänzen, von den weißen Zähnen gesagt, mhd. blecken; etwas heimlich **vertaubhändeln ;** ein Kind **jagtaufen,** ihm die Nottaufe geben. Oder es sind Worte in veralteter Bedeutung gebraucht. So kommt **seltzam** in dem Sinne von selten vor: Die Nachtigall ist bei uns ein seltzamer Vogel; **lebhafft** für lebensfähig; oder auch in

älterer Form, so z.B. stets **alber** -nicht albern, mhd. alwaere: ein alberner Mensch. **Das Mensch** wird von Frauenspersonen ohne jede üble Bedeutung gesagt: das arme Mensch, ein jung sauber Mensch.

Die Namen der Ortschaften finden sich oft in ihrer volkstümlichen Entstellung: **Jöstadt, Jöstädel** für Josephsstadt; **Mipe** für Mittweida; Zope für Zschopau u.a.; umgekehrt die alten volleren Formen statt der jetzt üblichen entstellten, z.B. **Weinberg** statt Weipert.

In der Endung des Participium praesentis ist das ursprüngliche **e** fast durchweg erhalten: liegende, gehende, singende. Bei einem Jägeraufzuge 1662 erschien "Seine Chur-Printzliche Durchl. Joh. Georg III. in Dianen Gestalt auf einem weißen Hirsche **reitende**, 30 Satyri mit Schallmeyen auf einem Berg, gleich einem Wald mit Thieren und Vogeln gezieret, **sitzende**, 2 Oberförster mit Pürschbüchsen und ein Gutscher, einen vierfachen Kasten mit 4 Luchsen **führende** " u.s.w. Das Pronomen der dritten Person wird noch in altertümlicher Weise bisweilen statt des Reflexivpronomens gebraucht, so S.439 : "Anno 1636 ließ **ihm** [sich] der Bergschreiber in Scheibenberg ein steinern Haus bauen. "Ebeso ließen sich manche syntaktische Eigentümlichkeiten anführen.

Auch einige erzgebirgische **Sprichwörter** werden verwendet. "Wie die Arbeit so ist auch der Lohn" ; "Und sollt es gleich eine Kuh kosten!"; "Brennts nicht, so spraazts doch"; "Je daß dich der Bär hetze!"(S.550). Das letztere erwähnt Lehmann, als er einige ergötzliche Beispiele dafür vorbringt, daß Bären bisweilen zärtliche Gefühle für junge Mädchen an den Tag legen.

Wo sich Gelegenheit bietet, führt der Verfasser gern Proben aus *anderen* Dialekten vor. Als Kurfürst Friedrich Wilhelm von Brandenburg über das Gebirge nach Karlsbad reiste, machte einer seiner Bedienten in Wiesenthal seinem Ärger Luft:"Wat die Tübel mackt ih Lüte in dem wilden kalten Orte, steckt dat Lumpen-Nest mit Füer an, und komt in mins Herrn Land" (S.20). Bei einer Pulverexplosion in Schneeberg am 19. Dezember 1678 wurde ein Junge aus Hannover schwer verletzt, dennoch sprang er zu Thüre hinaus und schrie : "O leve Gott! wie brennt het ! wie hitzt het! helpt, ach helpt, o dat Gott erbarm!"(S.437).
Eine sonderbare Liebhaberei des Verfassers ist es, lateinische Zitate gleichviel ob in Versen oder Prosa, in freie deutsche Reime zu übertragen, was sich oft seltsam genug ausnimmt. Besonders liebt er natürlich, dem Geschmacke seiner Zeit entsprechend, die **Alexandriner.** S.22 führt er folgende lateinischen Woerte des Äneas Sylvius über das alte Deutschland mit der nachstehenden gereimten Übersetzung an:
Parum quidem ea tempestate a feritate brutorum majorum tuorum vita distabat. Erant enim ...

Versichert euch, mein Herr, daß unter wilden Thieren
Und alten Teutschen kaum ein Unterscheid zu spüren.
Sie lebten wild im Wald, von Viehzucht, Jagd und Raub,

Nachdem die Weyde gab gut Futter, Wasser, Laub.
Ein Wagen war ihr Hauß, ein Baum bey schönen Brunnen,
Ein Felß am Stickel-Berg, ihr Bett' an wilden Runnen(7)
Der festen Städte Ring, der Schlösser hoher Stand,
Der Kirchen schöner Hoff war ihnen unbekand.
Weinberge sah man nicht, nicht Gärten, Teich noch Weyer,
Sie reyneten* zu nechst mit Bären, Wolff und Geyer:
Die Sonne kunte nicht vor'n finstern dicken Wald
Bescheinen Berg und Thal. War alles ungestalt.

Oder er übersetzt auch "**nach Sudödischer alten bergläufftigen Reim-Art** " d.h. in kurze Reimpaare, aus Versen mit nur zwei oder vier Hebungen bestehend, so S. 25 f. eine Stelle aus der lateinischen Schrift eines gelehrten Joachimsthalers Johann Christoph Moyses* :

Commode huc vates Pelignus verba sua locare posset:
Hic ubi nunc Roma est, Orbis caput, arbor et herbae...

Wo Rom im Feld	Tief in der Höll
Das Haupt der Welt,	Lang an der Stell,
Jetzt steht gebaut,	Darzwischen lieff
Mir schaur't die Haut,	Ein Bächlein tieff,
Stund rauher Wald	Da war kein Rauch
Im Nebel kalt	Noch Häuser Brauch,
Und wenig Vieh	Nur Wüsteney
In Hütten hie,	Und Furcht dabey
So lag auch kahl	Von wilden Thiern
Der Joachimsthal	Die sich da rührn,
Vor seinem Flor	Bei den Gestrüpp
Ohn' Schloß und Thor,	Und Felsen-Klipp
Auf beyden Seitn	Im Höllen-Loch
Mit Berg und Heydn	(Ich zittre noch!)
Schwärmt Wolf und Bär	Zu Hause seyn,
Und Teufels Heer,	Biß GOtt das hat
Da Luchs und Schwein	Gemacht zur Stadt.

Weiter Beispiele finden sich S. 2, 47, 91, 299, 330, 332, 565, 568, u.a.m.

Ganz wunderlich ist es auch, wenn Lemann, "um sich Laconischer Kürtze zu befleissen", Donnerwetterschäden oder allerlei Wunderzeichen von tausend Jahren her in "Summarischen Reimen" mehrere Seiten lang vorträgt (S.343):

Wunder am feurigen und blutrothen Himmel.

Es zog der Himmel blutig auff - 1066.
Mit Feuer als ein Krieges-Hauff,
Die Wolken stritten blutig sehr - 1252
Der Mond schien blutig noch viel mehr -1117
Der Himmel brannte lichterloh -1389
Vor dem geschah es auch also -1362
Man sah auch manche Feuer-Klufft
Viel Jahr lang grausam in der Lufft.
Anno 1529, 1560, 1562, 1571, 1581, 1587, 1599, 1605, 1640, 1643, 1644, 1648.

Daß der Schauplatz nicht das Werk des Scheibenberger Pfarrers allein ist, haben wir schon mehrfach angedeutet. Nach seinem Tode arbeiteten seine Söhne, besonders der Görlitzer Archidiakonus M. Immanuel, daran, aber auch Theodosius scheint sich beteiligt zu haben; nachdem auch diese beiden gestorben, übernahm die Weiterführung und Herausgabe D. Joh. Christ. Lehmann. Die Söhne haben so vollständig im Geiste und in der Sprache des Vaters weiter

gearbeitet, daß eine Scheidung ihres Anteils kaum möglich ist, soweit nicht den Zusätzen Jahreszahlen beigefügt sind, welche über 1688 (Todesjahr des Vaters) hinausgehen...Die äußere Ausstattung des Buches ist durchweg eine ganz vorzügliche. Dem zum Teil in rotem Druck ausgeführten Titel ist ein allegorisches Bild gegenüber gestellt : drei Gebirgslandschaften, die eine von ihnen von der untergehenden Sonne und einem Regenbogen beleuchtet, eine andere Gewitter, Windbruch und fliehendes Wild darstellend, sind zugleich mit dem Bildnis des Verfassers durch Kränze aus Blumen, Feld-und Gartenfrüchten eigentümlich ineinander verschlungen; und durch Windungen der Kränze, die wieder durch Bänder mit rätselhaften Versen zusammengehalten werden, hindurch blickt eine bärtige Männergestalt mit fliegendem Haar und erhobener Sense. Außerdem sind eine Anzahl Situationspläne, Abbildungen von Karlsbad, vom Wolckensteiner Bad "zu unsrer lieben Frauen aufn Sande", von Wiesenbad, und vier verschiedene Ansichten vom Greifenstein, lauter schön ausgeführte Kupfer, beigefügt. Diese Beigaben, sowie die in den Text aufgenommenen zahlreichen Darstellungen von Wunderzeichen am Himmel und Seltsamkeiten aus dem Gebiet der Natur sind nach der Angabe Grabners vom Sohne Johann Christian verfertigt worden, während er als Substitut in Scheibenberg war.
Zugeeignet ist der Schauplatz "Denen Wohlgebornen, Hoch-Edlen, Gestrengen Vesten,

Groß-Achtbaren, Hochweisen, und Wohl-Fürnehmen Herren, Georg Henning von Busch und Rosenbusch [auch er war mit Lehmanns verschwägert] , Daniel von Reusch, David Fleischer und Christoph Wellern auf Wellersthal" ,welche sämtlich im Erzgebirge geboren, in der Fremde zu Ansehen gelangt waren. Ihnen wünschten die unterzeichneten "Lehmannischen Kinder und Kindeskinder" mit dem Buche eine besondere Freude zu bereiten und ihrer Liebe zum Vaterlande neue Nahrung zuzuführen. An die Widmung schließt sich dann die eigentliche Vorrede des Herausgebers an, der sich jedoch auch hier nicht selbst nennt, sondern sie von "des Herrn Autoris annoch lebenden Kindern und Erben" unterschreiben läßt. Wegen seiner Originalität sei auch auf das Verzeichnis der Druckfehler hingewiesen , am Schluß desselben heißt es : "Die übrigen beliebe der **G.L**. (großmütige Leser) **selbst zu mercken** und zu ändern."...

Für diejenigen Leser, welche sich das selten gewordene wertvolle Buch nicht zugänglich machen können, bringen wir zum Schluß eine Probe daraus zum Abdruck. Das gewählte Kapitel, der vierten Abteilung (Vom Felsengebirge) entnommen, erschien dazu besonders geeignet, weil es einen Stoff von allgmeinem Interesse behandelt, die Sagen von den Zwergen, den Wichtel- oder Heizelmännchen unserer Dichtungen, die als letzter Rest aus dem

Heidentum vor dem Lärmen des Hammerschlages und dem Läuten der Christenglocken in ein anderes fernes Land flüchteten; und weil ihm mehr als in manchen anderen Kapiteln die von uns im Vorstehenden geschilderten Eigentümlichkeiten des Schriftstellers hervortreten.

Caput II.

Von Zwärgen und dero Felsen-Löchern im Gebirge

Der gemeine Mann trägt sich mit einer fabulosen Tradition, als wann vor alten zeiten / ehe dieses Ober-Ertz-Gebirge angebauet worden / auf dem Wald-Gebirge und dessen Felßlöchern Zwärge gewohnet hätten / welche aber durch Aufrichtung der Puchwercke / Eisenhämmer und Klippelwercks * solten seyn verjagt worden. Wir wollen über dieses alte Fabelwerck unsere Meinung auch eröffnen. Unstreitbar ist (1.) daß die alten Heyden unter andern auch ihre **Berg-** [I.Reg. XX, 23] **Hügel-, Thal-** und **Waldgötter** geehret / als die Faunos, Satyros, Sylvanum, Jugatinum, Collatinum, Valloniam und ins gemein die Oreades* und Hamadryades*. Dennoch finde ich in der Heydnischen Mythologia gar keine **Berg-Zwärge**; daher schliesset Natalis Comes* seine Erklärung de Oreadibus Lib. V. c. II. also: Haec si vana & mendacia extiterunt, ut ego fuisse arbitror...

(2.) Findet man allerhand tieffe und alte **Erden-Grüffte** / die man religiös und heilig gehalten / als die alte Sibyllen-Grufft in Marca Anconitana Italiae, die Pilatus-Höhle in Frankreich / bey Vienna die große Berg-Grufft, Cluseau bey Miramont, die mit unterirrdischen Brunnen und Flüssen, Sälern und Schlaffstätten soll versehen seyn. Massen Kircherus unterschiedliche seltzame Exempel derer unter der Erde wohnenden Menschen in Mundo subterran. und Itinerario Hetrusco anführet [L.VIII.c.II.] (3.)Daß einige **Völcker kleiner und abentheuerlicher Statur** in der Welt / bevor gegen dem Nord-Pol unter den Samogeten und Grönländern / seyn / lässet sich wider die Erfahrung nicht läugnen. Gesetzt / man halte alles für Gedichte / was man so lange Zeit aus Aristotele, Plinio, Photio, Nonoso und andern alten Autoribus von **Zwärg-Ländern** und Geschlechtern hat fürgegeben / (Vid. Voetium *) Disp. de Pygmaes & Bocharti* (Phaleg. Lib. II.c.23) ist doch damit derjenigen Glaubwürdigkeit / welche heut zu tage den Zustand der Völcker gegen dem Nord-Pol entdecket / nichts entnommen. (4.) Wie ich dann auch ausser Zweifel setze / daß die Unfruchtbarkeit eines wilden und kalten Ortes die wachsthümliche Krafft ziemlich schwäche / da hingegen der Einfluß eines gütigen und warmen Himmels die Samen-Krafft vermehret. Ist auch aus der Erfahrung bekandt / daß die Geniessung des mineralisch- und tiesichten Bergwassers Kröpfe und Contracturen der Glieder / sonderlich der im

Gebirge grassirenden scorbut dem principio seminali und Stärke der Natur sehr schade / daß vor wenigen Jahren ein Gebirgischer Medicus vermeynte / woferne die **Schabocks-Krankheit** weiter und stärcker solte einreissen / würde man mehr schwache und **Zwärg-Förmige** / als grosse starcke Leute im Gebirge haben. (5.) So ist der Wahrheit gantz gemäß / daß sich wohl ehemals zur Pest-und Kriegszeit die Leute hauffenweise ins Felsen- und Wald- Gebirge salvirt / und daselbst durch langes Verharren eingewohnet / wie etwa vordessen die Juden sich sehr tieff ins Caspische Gebirge eingelassen / auch zu Philippi III. Königs in Spanien Zeiten eine gantz wilde colonia im Gebirge entdecket worden / und Cranzius meldet / daß Anno 900. in Siebenbürgen eine vormahls unbekandte Art Menschen aus dem Gebirge herfür kommen. Es erzehlet **Mayer** in seiner Chronico Quedlinburg. MSC daß / als Anno 907. und folgende Zeiten die Hunnen eingefallen / sich die Leute in höchste Felsen und Gebirge verstecken müssen. Im alten Reinstein (der Anno 1090 soll gebauet / und Anno 1336 . zerstöret worden seyn) bei Blanckenburg vor dem Hartz findet man / schreibt er / noch Stuben / Kammern / Küchen / Ställe / Krippen / Kirchen / Predigtstühle / alles aus lauterm Stein gehauen / da noch diese Schrifft zu lesen

Tempus edax quaecunque vorat fortissima rerum : Arx tandem in dura saxea rupe perit.

Dergleichen ausgehauene Höhlen sind anderswo auch / item . unterirrdische Schluplöcher in Bergen / davon man sagt / daß die **Zwärge** sich aufgehalten. Denn unter Monte Sion voe Qvedlinburg noch ein so genandtes Zwärg-Loch vorhanden / deßgleichen bey Westerhausen und Harßleben Eremiten-Höhlen. Man sagt / daß die **Zwärge** vorzeiten den Qvedlinburgern viel Zinnwerck und dergleichen zun Hochzeiten geliehen. Bißher gedachter Autor. Anno 1605. bekam Laurentius Schwabe* / Pfarrer in Scheibenberg / etliche Gäste von Annaberg / dessen Eheweib führet etliche Matronen / ihre Gäste und Freundinnen / über und um den **Scheibenberg** / ihnen dessen Gegend zu zeigen / sie treffen aber ein **Loch** an, darein 3 Stuffen giengen / und lag darinnen ein gläntzender Klumpen wie glüendes Gold / darfür erschracken sie / giengen eilends herein / führen den Pfarrer samt den Gästen hinaus / allein sie kunten das Loch nicht wieder finden. Annao 1648. starb Hanß Haß / ein alter ehrlicher Bürger daselbst / welcher mir auf seinem Sichbette sein Armuth im Anfang seines Ehestandes / und zugleich auch dieses erzehlte : Als Wolff Köhler seine Tochter Elisabeth weggab / wären wir junge Eheleute gerne mit zu Ehren gezogen / aber wir hatten kein Geschencke : Wir giengen am Berge grasen / und wurden eines Lochs gewahr / das gleichsam mit einer eichenen Thür verschlossen / und Giengen etliche Stuffen hinein. Da wir Wunders halben hinein sehn / liegt ein Fuchs auf einer Stuffen. Wir erschracken darüber / gleichwohl weil sich der Fuchs nicht rührete / gaben wir ihm einen Stoß / und befunden / daß er todt war : ich verkauffte den abgestreifften Balg / giengen auf die Hochzeit und waren lustig : aber nach selbiger Zeit habe ich das Loch nicht wieder finden können / wie fleissig ich auch gesucht habe. Ich muß noch eine Zwärg-Spückerey erzehlen / die sich ungefehr Anno 1633. bey Steinbach auf dem Walde an der Aschermittwoch begeben. Es hatte Adam Beyer einen Baum im Walde gefället / in dem der Baum im Fallen ist / hauet er nach der Holzhacker Gebrauch ein Creutz darein / so gleich kommt ein **gejagtes Weiblein** / und bleibet an dem mit dem Creutz gezeichneten Baum stehen / da es dann sicher geblieben. Unterdessen füllet es dem Holzhacker seinen Kober mit Spänen / er aber schüttet die Späne wieder aus / und da ungefehr ein Spänlein hangen blieben / und er nach Hause kommet / findet er an dessen stat einen gantzen Thlr. er gehet alsobald wieder in Wald / in der Hoffnung solcher Thaler-Späne viel aufzulesen / aber vergebens. Doch weil dieser mann damahls in kurtzer Zeit zu feinen Mitteln kommen / hat man vermuthet / er müsse was gefunden haben. Von dieser Begebenheit an / gehet niemand gern an der Aschermittwoche daselbst ins Holtz / aus Meynung / der Teufel jage das **Holtzweibgen** an der Aschermittwoche.

Die Holzmännel und Holzweibel, auch Moosleute genannt, sind freundliche Waldgeister, nicht größer als dreijährige Kinder; sie zeigen sich den Menschen gern gefällig und für erwiesene Wohltaten sehr dankbar. Diesen harmlosen Wesen stellt Wotan, der wilde Jäger, nach.Warum er dies tut, erfahren wir aus Sagen des Vogtlandes. In seinem Garten wächst ein zauberhafter Baum, dessen Zweige und Blätter sich in Gold verwandeln, wenn man sie vom Stamme löst. An diesem Baum vergreifen sich die Holzweibel öfters und machen dann arme Leute mit dem Golde glücklich. Um gegen diese Verfolgung, pflegen die Holzhauer in der Zeit, während man den abgesägten Baum fallen hört, auf den stehenbleibenden Stock drei Kreuze einzuhauen.. Zu diesen Kreuzen nehmen dann die Holzweibel ihre Zuflucht, dort finden sie Ruhe vor dem wilden Jäger, der auf allen seinen Wegen dem Kreuze ausweicht. (Vergl. darüber Schauplatz S.78; J.Grimm, Mythologie, 2.Ausg.,S.451,881; Zahlreiche Sagen von Holzweibeln aus dem Vogtlande s. bei Köhler, Volksbrauch u.s.w. ,S 450-471. Darunter sind auch einige, welche mit der von Lehmann erzählten große Ähnlichkeit haben : hungrige Holzweibel bitten Waldarbeiter um Brot oder nehmen es ihnen wohl auch heimlich weg, und die zum Dank dafür geschenkten Steine, Späne, Blätter verwandeln sich in Gold oder Laubthaler, doch wird der Wert des Geschenkes meist erst zu spät erkannt. Dieser so beliebte Märchenzug kommt auch sonst in erzgebirgischen

Sagen vor; s. "Glückauf", Organ des Erzgebirgsvereins, 1882, S.46,47. Übrigens besitzen die Waldleute auch die Gabe der Weissagung. Im Jahre 1644 fingen die Jäger des Kurfürsten Johann Georg I. ein wildes Weiblein, eine Elle lang, von menschlicher Gestalt, rauher Haut, doch im Angesicht und an den Fußsohlen glatt, das begann zu reden und sprach: "Ich verkündige und bringe Frieden." Der Kurfürst befahl, es wieder laufen zu lassen, weil er sich erinnerte, daß vor 25 Jahren ein ebensolches Männlein gefangen worden sei, das gesagt : "Ich bringe euch Krieg." (Schaupl.S.758)

Allein dieses alles ungeachtet / halte ich diese Zwärg-Tradition für ein alt Weiber-Mährlein. Denn wer hat jemahls dergleichen **Berg-Zwärge** im Ober-Ertz-Gebirge gesehen? oder da er einig abentheuerlich Männgen oder Holtzweibgen angetroffen / seinen Zustand umständlich erforschet ? Das Gebirge ist nun über 200 Jahr mit so vielen Schürfen / Stölln / Schächten erschroten / ersuncken und durchfahren / darinnen man niemahls einig Zwärglein / wohl aber Bergmänngen / Bergmönche / Cobolde und andere Teufels-Larven angetroffen. Es arbeiten Sommerszeit etlich 1000 Feld- Berg- und Wald-Arbeiter auf dem Gebirge / Handel und Wandel gehet fast Tag und Nacht im Schwange / daß die Strassen über Wald und Feld / Berg und Thal selten leer liegen / so hat man durch Abziehung und Bereutung sonderlich aber die Haupt-Jagten /

alle Berge und Hügel / Felsen und Höhlen / Marräste und Gehänge entdecket / die Bären- und Hirsch-Lager / Wolffs- und Luchs-Höhlen / Fuchs- und Dachs-Löcher durchstöbert / und (ausser einigen prodigiösen Creaturen) weder Zwarg noch Zwärgel gefunden. Wo wären denn diese vermeynten alten **Berg-Sassen** hingekommen ? Sind sie mit den Hamelischen Kindern(10) ins Gebirge hineingefahren ? oder mit dem fliegenden Wandersmann nach Africa zu den Troglodytischen Zwärgen gezogen / von welchen Photius ex Nonoso sagt / als er bey den Troglodyten vorbey gefahren / habe er Leutgen angetroffen / die zwar eine menschliche Gestalt gehabt / aber sehr klein von statur, und über den Leib gantz schwartz und rauch gewesen. Und sie hier im Gebirge solten gewohnet haben / möchte einer wohl fragen / was es für Nation, obs Böhmen / oder Wenden / oder Teutsche Leute gewesen ? ... Ja wie haben sich diese Zwärge vermehren und fortpflantzen können ? Man findet ja wohl...viel und mancherley Zwärge an Fürstlichen Höfen / und zwar so wohl weiblich als männliches Geschlechts / zwischen welchen einige curiöse Gemüther / als Cartharina, Herzog Joachim Friedrichs / Churfürsten zu Brandenburg / erste Gemahlin / und dann auch Catharina de Medices, eine Ehe gestiftet / allein die fürsichtge Natur hat solchen unförmlichen Homunculus die Krafft der Vermehrung entzogen... So weiß ich keine Ursach / warum sich diese Zwärgcolonia nur allein auf diesem Wald-Krantz / und nicht vielmehr auf dem Schwartzwald oder Riesen-Gebirge / oder dem Egrischen Fichtelberg niedergelassen ? Haben sie wegen der Hämmer Krachen und Klippel-Werk nicht bleiben mögen / wie ists denn möglich gewest / so viel schreckliche Einfälle und Durchzüge der Böhmen / Hussiten / Hunnen auszustehen ? Die kleinen Närrichen hätten lieber bleiben und die Gebirgischen Manufacturen mit Zwirn-und Seidenwinden befördern / den Bergleuten auf verborgenen Klüfften und Gängen anweisen / den Wald-Arbeitern und Irrenden die Flügelwege und Schneppensteige über Berg und Thal zeigen können. Aber genug von dem Fabelwerck / welches wir mit den Gebirgischen **Holtzmännel / Holtzweibel / Klagemutter***

/ **Feuerschwalben*** / **Jüdel*** (alias Güttel oder Gittel) **Erdhenne*** / **Wassernixen** / **Berg-Cobalden** und andern ebentheuerlichen Spückereyen und Blendungen des leidigen Satans in eine Rolle und praedicat setzen auch nicht glauben wollen / daß es Paracelsistische Pneumanthropi, Gnomi und Mani / oder Alberti M.* **Berg-Affen** / oder **Schwantzmänngen** aus dem Reich Lambri, oder **Erdmänner** aus dem Hypogeo Sibyllico, oder gar **Mißgeburten** capripedes, semibovesque viri aus bestialischer vermischung gewesen / wie Plinius meldet / daß zu seinen Zeiten die Menschen mit wilden Thieren zugehalten / und wilde monstra gebohren. Conf. Zeiler* Cent VI. fol. 434. Die ungeheure uhralte Wüsteney des Gebirges und besagte Umstände können uns eines viel andern bereden /und lassen wirs bei dem Iudicio eines Gebirges / wenn er schreibet : Es ist eine alte Rede / als ob **Zwärglein** oder Männlein im Gebirge gewohnet / und sich endlich beklagt / sie müsten wegziehen / denn sie Puchen auf den Eisenhämmern und Zwittergebäuden nicht hören und vertragen könten / sie wolten aber wiederkommen / wann die Hämmer würden abgehen. Das ist entweder **Fabel-**oder **Teufelswerck** / welcher bey angehendem hellen Licht des Evangelii den Segen Gottes uns Gebirgern nicht gegönnet / und ist durchs Gebet / singen und seuffzen der Bergleute vertrieben worden. Er ist aber wieder kommen bey dem Teutschen Krieg / und hat Städte / Dörffer / Kirchen / Schulen / Hämmer und alle Nahrung verwüstet / wie er sich dann Anno 1630. bis 48. im Gebirge entsetzlich getummelt / daß sich das arme Volck in Zwärg-und Bären-Löcher verkrochen. Oder die lieben Alten haben etwa von **Hunnen** / die das Meißnerland verheeret / oder von denen übers Böhmische Gebirge in Meissen einfallenden Hussiten gehöret / um welcher willen die armen Gebirger auf die Berge geflohen oder gar weggemachet / weil sie den Feinden viel zu schwach und gegen sie als die Zwärge zu achten gewesen.

2. Historia civilis et topographica des Ertzgebirges.

... Nach Tentzel : Beschreibung jedweder Stadt, Dorffs, Klosters, Schlosses, Adelichen Familie, Veränderungen, Priuilegiis, Sprache, Geschichten, und dergleichen; nebst Abrissen der Städte und Schlösser.
Wie dieser Tomus civilis, dieses geographische Werk über das Erzgebirge, das sehr umfangreich gewesen sein muß, eingerichtet war, darüber erhalten wir Schauplatz S. 193 Aufschluß. Dasselbe zerfiel in drei große Abteilungen nach den drei Hauptflußgebieten der Annaberger Superintendantur, Schwarzwasser, Zschopau und Flöha ; zur Orientierung war eine topographische Mappe, d.h. Übersichtskarte, beigegeben An die Besprechung der Flüsse und ihrer zahlreichen Nebenflüßchen wurde die umständliche Beschreibung der an ihnen gelegenen Ortschaften, Mühlen, Hammerwerke und was sonst bemerkenswert erschien, angeschlossen; denn ohne dies würden"der Lauff und die Nutzungen" der Gewässer nicht sattsam verstanden werden können.
Von der Genauigkeit, mit der Lehmann auch hierbei zu Werke ging, möge es ein Zeugnis ablegen, daß er von Schwarzwasser und Zschopau je über hundert, von der Flöha über vierzig Nebenflüßchen zu nennen weiß. Schaupl.S.195 werden einige Namen derselben,

aus dem Tomus civilis entlehnt, angegeben : Alberoder Bach, Ansprung, Beutel- und Brückelsbach, Brückenbach, Branda, Buttermilch, Kröten, Cuners- und Kröbach, Dürrenbach, Dölitzsch, Einsiedel, Erbiß-Erbartsbach, Falcken- und Fellbach, Friedrichs- und Fichtelbach, Forchheimer Wasser, Geyersbach, Geisse, Griefen- und Greiffensteiner-Bach, Gold-, Hasel-, Halß-, Hell-, Hähn-, Heydel-, Holtz-, Hütten-, Hungers-, Hölckel und Hochmuthsbach, Jahns-, Johannis- und Jungferbach, Kaffbach, Lauter-, Leim-, Luchs- und Lampertsbach, Mulda, Marckers-, Mückenbach, Natzschkau, Mooßdorfferbach, Nordbach, Oßwaldsbach, Pil- und Pöhlwasser, Pockau, Preßnitzer Wasser, Rauschen-, Rein-, Riesen- und Rumpelsbach, Ronnstock, Salzlecke, Schwarz-, Schweinitz-, Säu-, Schild-, Schintel- und Scheidebach, Stein-, Seiden- und Schletterbach, Seufel, Tiefenbach, Ulmbach, Wald-, Weiß-, Wolfers-, Wermers- und Wahrsagerbach, Witsch, wilde Ecke, Zöblitz etc.

Daß auch über die Herkunft der Namen eingehend gehandelt wurde, zeigt eine andere Erwähnung im Schaupl.S.31 : es sei nichts Neues, daß ein Ort von dem andern, ein Gebirge von dem andern benannt werde, wie aus den Exempeln im Tomu civili hervorgehe. Vielfach scheint sich der Inhalt dieser Schrift berührt zu haben mit dem des genannten Tomus moralis. Wir erfahren aus dem Brief D. Chr. Lehmanns, daß sein Vater, als ihm das Material zu seinen Arbeiten unter der Hand immer mehr wuchs, sich öfters genötigt gesehen habe, seinen ursprünglichen Plan zu ändern. Unglücksfälle an " Hammer- und Mühl-Gräben, Kunst- und Kamm-Rädern, Fludern*, Schutzteichen, Fluthen und Holtz-Flössen", ebenso Brandschäden an Gebäuden und Menschen und andere Unfälle trug er anfangs unter dem Namen des betreffenden Ortes u.s.w. in seine Topographie ein. Mit der Zeit mag ihm dies zu viel geworden sein - von Brandschäden allein waren es über 200 Beispiele und er entwarf daher den Plan zu einem neuen Werke, eben der Historia Moralis, welche die Leiden und Freuden des Gebirgsbewohners schildern sollte. Dies ergibt sich aus den übrigen Zitaten: Schaupl.S.59, 433, 440 u.662.

3. Kriegs-Chronik der Teutschen

Das Originalmanuskript befindet sich unter den Handschriften der Königlichen öffentlichen Bibliothek zu Dresden...Die Kupfer, welche D.Lehmann und Tentzel erwähnen , befinden sich nicht bei der Handschrift...
Das Werk beginnt damit, das Alter der Deutschen, ihre Reiche, Sitze, Künste und Taten vor Christi Geburt zu besprechen, und faßt von dieser zeit an jedes jahrhundert für sich in einem besonderen Abschnitte ins Auge, und zwar in folgender Weise: zunächst wird in Alexandrinern eine kurze Skizze des Jahrhunderts gegeben, dann folgt unter dem

Titel Explicatio oder xplanatio die weitere Ausführung mit Angaben der Quellen...Namentlich sind zur Kriegschronik viel Handschriften benutzt worden, wodurch dieselbe natürlich an Wert gewinnt.- Für ein Scharmützel, in welchem 1520 die Kaadener den Ritter Hans Vitzthum und dessen Bruder tüchtig auszahlten, wird ein vierzehn Srophen langes Lied eines Handwerksgesellen Hans Zweck, "der unter den Hauffen gewest" , als historische Quelle mitgeteilt. Abgedruckt in 'Röschs Jahrbuch fürs Erzgebirge', 1884. Leipzig, bei C.Reißner S.133 ff. Den Schluß bildet jedesmal die Aufzählung der Portenta et Notabilia, Wunder und Begebenheiten des betreffenden Jahrhunderts, auch wieder in Versen, aber nach sudöischer Reimart. Die einleitenden Alexandriner - ein Vers, für den der Verfasser nun einmal eine große Schwäche, aber wenig Geschick besaß - scheinen ihn selbst nicht befriedigt zu haben, wenigstens finden wir sie meist durchgestrichen oder eingeklammert, und vom 12.Jahrhundert an hören diese summarischen Reime ganz auf. Dagegen ist innerhalb der Kapitel öfters einmal der lateinische Bericht irgend eines Schriftstellers "dem Leser zu liebe in teutschen Versen " wiedergegeben, wie z.B. S.49 aus den Brandenburgischen Annalen des Andreas Angelus der Handel des Markgrafen Dietrich von Brandenburg im Jahre 1020 mit dem Wendenfürsten Mistevo, Hunde geheißen, dessen Vermählung mit Ehrenhold, der schönen Schwester des Herzogs Bernhard zu Sachsen, er hintertrieben hatte.

Auf das Meißner Land und, wo es irgend angeht, auch speziell auf das Erzgebirge, nimmt er schon bei Schilderung der früheren Jahrhunderte möglichst Rücksicht, und wenn es auch nur zu einem negativen Ergebnisse führen sollte, wie beim 11.Jahrhundert :

> Die Einfäll, March und Züg hat niemand all erfahren
> Durch unser Erzgebirg in diesen 100 Jahren .
> Kurtz theil ich gerne mit, was ich gelesen hab,
> Was andre haben nicht, geht meiner Feder ab.

Mit jedem Jahrhundert füllt natürlich auch die Geschichte der engeren Heimat einen immer breiteren Raum aus, die Hussitenkriege des 15. Jahrhunderts, die Unruhen und Kriege im Jahrhundert der Reformation haben ja so oft die im Erzgebirge sich berührenden Länder Böhmen und Meißen zum Schauplatz gehabt. Vom 15.Jahrhundert an wird die Darstellung mehr und mehr annalistisch, innerhalb der einzelnen Jahre folgen einander kleine Abschnitte unter besonderen Titeln, oft ohne allen inneren Zusammenhang; und hervorragende Begebenheiten, Geburten, Todesfälle, fürstliche Hochzeiten, Jagden Mordtaten, auffallende Naturerscheinungen, Prodigia* u.s.w. sind jedem Jahre beigefügt; bisweilen sind sie das einzige, was über dasselbe gesagt wird.

Der Hauptwert der Schrift liegt in der mehr als zwei Drittel von ihr umfassenden **Geschichte des Dreißigjährigen Krieges**. Auf alle Schauplätze desselben werden wir der Reihe nach geführt, mit allen bedeutenderen und vielen minder bedeutenden Persönlichkeiten eingehend bekannt gemacht. Freilich sind es auch hier meist Einzelheiten, welche geschildert werden, selten - innerhalb des betreffenden Jahres - in streng chronologischer Folge und innerem Zusammenhang, doch geht der Überblick über das Ganze dabei nicht verloren.

Eingeleitet wird die Geschichte durch die in den Jahren 1612 bis zu Beginn des Krieges vorangegangenen göttlichen Warnungen durch Himmelszeichen, Sturmwinde, Wasserfluten, Brandschäden, Gesichte u.a. Die Ursachen zum Kriege sucht M.Lehmann auf beiden Seiten : wie sehr auch die böhmischen Stände durch das feindselige Vorgehen der Katholischen gereizt worden seien, so hätten doch auch sie selbst sub utraque (natürlich eine Anspielung auf ihren Namen *Utraquisten* ,welchen sie führten, weil sie das Abendmahl *sub utraque* specie, unter beiderlei Gestalt, gereicht wissen wollten.) viel Späne zum Feuer getragen, indem sie auf ihren Majestätsbrief gar zu stolz und eigensinnig geworden wären und durch trotzige Handlungen des Kaisers Majestät höchlich beleidigt hätten; dazu sei von bösen Ratgebern auf der katholischen wie auf der evangelischen Seite Lärm geblasen worden.

Daß die ersten zwölf Jahre für *Sachsen und das Erzgebirge* im besondere erträglich waren, hatte es zum guten Teil der Umsicht seines Regenten zu danken. Wie das Urteil der Geschichtsforscher über Johann Georg I. auch lauten mag, jedenfalls ist es von Interesse, in Chr. Lehmann einen Zeitgenossen über ihn zu vernehmen, welcher nie anders als mit der größten Liebe und Hingebung von ihm redet, und doch ist dem Verfasser der Kriegschronik ein klares Urteil und eine unbefangene Auffassung der Zeitereignisse nicht abzusprechen. Auch bei der Schilderung der letzten sechzehn Jahre des Krieges, während derer Sachsen der Willkür fremder Heere fast gänzlich wehrlos preisgegeben war, in denen Lehmann selbst so viel Unbilden auszustehen hatte, läßt er doch keinen Vorwurf gegen das verehrte Landesoberhaupt laut werden. Irgend welche Rücksichten brauchte er nicht zu nehmen, da er ja, wie wir wissen, nicht für die Öffentlichkeit schrieb.

Als die Unruhen in Böhmen zunahmen, hielt es der Kurfürst für geraten, die Defensioner* zu mustern und zu verstärken und verteilte sie sodann zur Bewachung der Pässe an die Grenze. 1620 auf einem Konvent zu Leipzig beschloß der obersächsische Kreis, den kaiserlichen Kriegsvölkern, die meist in Westfahlen und Niedersachsen geworben wurden, den Durchzug durch das Gebirge nur kompagnien- nicht regimenterweise zu gestatten, und auch nur dann, wenn sie darum nachsuchten und Kaution stellten; und der Kurfürst als Kreisobrister über die Defension des Landes befahl im April desselben Jahres durch Anschlagen eines Mandates, daß die Ritterschaft auf dem Lande, sowie die Bürger in den Städten sich in steter Bereitschaft zu halten hätten, und daß niemand von den eingeborenen Landeskindern sich für fremde Dienste anwerben lassen sollte, da er ihrer im Notfall selbst bedürfe.

Bald sollte es mit der abwartenden Haltung des Kurfürsten vorbei sein. Vergebens hatten ihn die böhmischen Direktoren wiederholt zum Versprechen der Neutralität zu bewegen gesucht; endlich erklärte ihm König Friedrich von Böhmen (Friedrich V. von der Pfalz) den Krieg und eröffnete die Feinseligkeiten damit, daß er den Amtleuten von Preßnitz und Joachimsthal Befehl gab, sämtliche aus Böhmen und Meißen führenden Pässe zu verhauen und bei Leibesstrafe kein Getreide ausführen zu lassen, wogegen der Kurfürst die Salzausfuhr nach Böhmen untersagte. Daher war im Erzgebirge großer Mangel an Brot, und in Prag bezahlte man den Löffel Salz mit einem Groschen. Denn trotz des Verbotes wurde es dennoch buttenweise heimlich über die Grenze geschafft.

Der Kurfürst zog nunmehr seine Truppen aus allen Teilen des Landes zusammen und eroberte Schlesien und die Lausitz für Kaiser Ferdinand II. Im nächsten Jahre 1621 schickte er einen Teil seiner Streitkräfte durch zwei Pässe nach Böhmen, welche, mit Tillys Truppen vereinigt, den Grafen Mansfeld verdrängten. So waren seine Kriegsvölker auf die Länder Schlesien, Lausitz und Böhmen verteilt, und im Gebirge begannen Handel und Wandel wieder aufzuleben. Als man jedoch 1622 befürchtete, Herzog Christian von Braunschweig werde in Thüringen einfallen, warf Johann Georg die Mehrzahl seiner Regimenter in die Gegend von Sangerhausen und bot dazu Ritter und Defensioner auf; auch die Obererzgebirgischen mußten sich bei Zwickau unter ein Fähnlein sammeln und hatten, zweiundzwanzig Stunden von Weib und Kind entfernt, neun Wochen lang Tag und Nacht an der thüringischen Grenze zu wachen und, was sie an Soldaten aufgriffen, nach Sangerhausen ins Hauptquartier zu schicken. Neue Vorsichtsmaßregeln wurden 1623 getroffen. Durch das Wechseln der Böhmen an der Grenze nach der Pfalz liegenden Regimenter und durch das stete Zuführen neugeworbener kaiserlicher Truppen wurden auch im Erzgebirge die Straßen unsicher. Um dem zu steuern, erhöhte der Kurfürst die Wehrfähigkeit des Landes, besetzte die Städte und befestigte sie zum Teil, musterte Ritterschaft und Defensioner abermals, befahl, daß für den Notfall sich jeder zehnte oder fünfte Mann bereithalten sollte, endlich ließ er herrenlose Reiter, welche in Menge umherstreiften und raubten, einfangen und hinrichten. 1624 sah sich Johann Georg durch seine Städte und Stände zu einer teilweisen Abrüstung genötigt, und er bewerkstelligte diese in der Weise, daß er den Städten die Wahl ließ, entweder größere Summen vorzuschießen, von denen die zu entlassenden Leute bezahlt würden, oder eine und mehr Kompagnien in ihren Mauern aufzunehmen und zu verpflegen, was bei der Teuerung der Lebensmittel große Opfer erheischte. Meist verstanden sie sich zu dem ersteren. Das abgedankte Gesindel ward freilich nun zur neuen Landplage, sodaß der Kurfürst auch hiergegen mit einem strengen Mandate einschreiten mußte. Während der zweiten Periode des Krieges, der dänisch-norddeutschen, hatte das Gebirge wieder mehr Ruhe. Johann Georg, dem es 1625 im ebenen Lande wegen der Pest nicht sicher war, begab sich mit seinem ganzen Hofstaat nach dem Süden seiner Herrschaft. Fünfzehn Wochen lang hielt er sich zu Augustusburg auf und lag, um seine Gesundheit zu kräftigen, der Jagdlust ob. Dann zog er ins Kloster zu Annaberg, während die Kurfürstin zur Kur das Sophienbad in der Rosenau aufsuchte. (Sophienbad ist nur ein anderer Name für Wiesenbad oder St. Jobsbad; 1602 hatte sich nämlich die Kurfürstin-Wittwe Sophia "ein Fürstlich Hauß und Bad" daselbst bauen lassen. Schaupl.S.232) Die jungen Prinzen und Fräulein ließen sich alle Sehenswürdigkeiten zeigen und waren sehr leutselig. Besonders fröhlich ging es am Pfingstfeste her. Der Kurfürst besuchte mit seiner Familie wiederholt den Gottesdienst und versorgte die Priester mit Wildpret. Am dritten Feiertage veranstaltete er mit den Schützen aus Annaberg und Umgegend ein Vogelschießen, schoß selbst den Vogel ab und wurde König. Dasselbe wiederholte sich am Trinitatisfeste und Johannistag. Wieder schoß man nach dem Vogel, diesmal ganz in der Nähe der Kurfürstin beim Wiesenbad, wieder wurde der Fürst Schützenkönig, und Prinzen und Fräulein belustigten sich an einer niedrigeren Vogelstange. Kurz es war ein " Jubilieren mit Drommeten und Kesselpauken, und auch die übrige Zeit wurde mit Wohlleben zugebracht". Auch in den folgenden Jahren fanden große kurfürstliche Jagden statt, 1627 um Geyer und Grünhain, 1629 bei Freiberg und Augustusburg, und die Vermählung der ältesten Prinzessin Sophia Eleonore mit dem Landgrafen Georg von Hessen, Grafen zu Katzen-Ellenbogen, Ziegenhain und Ridda, die im März und April 1627 zu Torgau vollzogen ward, bot zu weiteren Festlichkeiten Anlaß; das Obererzgebirge hatte sein bestes und fettestes Vieh dazu eingeschickt. Den General Colalto, welcher im Winter 1627/28 einen Teil seiner Truppen in den obersächsischen Kreis in die Winterquartiere legen wollte, wußte der Kurfürst durch energische Einsprache und dadurch, daß er durch Maximilian von Baiern beim Kaiser vorstellig wurde, wieder zum Abzuge zu bewegen. Die Ortschaften in der Nähe der Pässe und an den Hauptheerstraßen hatten freilich auch in diesen Jahren zu leiden, denn kaiserliche Abteilungen nahmen auf dem Marsche nach Magdeburg und zurück nach Böhmen ihren Weg meist durch das Gebirge. Dann war kein Pferd auf dem Felde oder auf der Landstraße sicher, die Stadttore mußten auf fürstlichen Befehl (1629) bewacht werden, und Lebensmittel, Salz und Getreide wurden auf

Schiebböcken befördert. Die Fürsorge Johann Georgs zeigte sich auch 1630 wieder: er reiste im Lande umher, prüfte die Mauern und Wälle der Städte, vermehrte die Wachen und schärfte das Verbot wieder ein, daß keine Meißner Landeskinder sich in fremde Kriegsdienste begeben sollten. In demselben Jahre wurde zu Dresden in aller Pracht die Vermählung seiner zweiten Tochter Maria Elisabeth mit den Herzog Friedrich zu Schleswig-Holstein und Ditmarschen gefeiert. Allein gefährliche Himmelszeichen kündeten bereits das Nahen großen Unglücks . Am 25.Januar erblickte man einen Mondbogen, drei schneeweiße Wolken bekämpften einander wie feindlich Scharen, und während es zuvor stille klare Nacht gewesen, erhob sich plötzlich ein Brausen, Rasseln, Knallen und Krachen, als wenn Geschütze und Musketen gelöst würden, Dampf und Rauch ging von den Wolken aus, und auch als die Erscheinung allmählich verschwunden war, blieben doch einige kreuzweis gegen einander fahrende Strahlen bis zum Tagesanbruch stehen. Dazu flogen von Leipzig her Ende Juli ganze Haufen von Störchen über das Gebirge nach Böhmen, wahre Vorboten fremder Gäste und Soldaten !
Das Jahr 1631 brachte die entscheidende Wendung für Sachsen. Infolge des 1629 erlassenen Restitutionsediktes* mußten ja alle protestantischen Fürsten, auch die bisher treu zum Kaiser gestanden hatten, auf das Äußerste gafaßt sein. Daher lud Johann Georg dieselben

auf den 6.Februar nach Leipzig zu einer Beratung ein, " wie dem allgemeinen Unheil teutscher Nation abzuhelfen, sonderlich aber, auff was Weise mann in puncto Executionis des keyserlichen Edictes wegen Restitution* und Abtretung der Geistlichen Gütter mit den Catholischen gütlichen Vergleich treffen könte." Die großen Rüstungen, welche der Kurfürst gemäß den auf diesem Konvent getroffenen Vereinbarungen vornahm, erregten den verdacht des Kaisers, obgleich er, wie die übrigen Mitglieder des Leipziger Bundes, versicherte, daß er keinerlei offensiven Zweck dabei verfolge, und als Tilly gegen ihn anrückte, um die Restitution der Stifter zu erzwingen und Leipzig einzunehmen, da war der Bruch vollendet. Noch einmal versuchte es der Kaiser, durch Tilly ihn zum Gehorsam gegen das Edikt zu bewegen. Der Kurfürst nahm am 24. August die beiden Abgesandten des kaiserlichen Generals aufs Beste auf, erklärte aber, daß er durch das Vorgehen seiner Majestät und der Ligisten nolens volens gezwungen werde, sich mit Gustav Adolf zu vereinigen und sich so zu wehren. Über Tische ließ er sich außerdem in den bekannten denkwürdigen Worten vernehmen : "Er sehe nun wohl, daß man das Sächsische bißher so lange gesparte Confect aufzusetzen gesinnet sey, mann solle aber bedencken, daß auch bey denselben allerhand Nüsse und Schaueßen aufgetragen würden, welche oft hart zu beißen wehren, derohalben solten sie wohl zusehen, daß sie sich ihres Theils nicht die Zeene daran ausbißen. Es könte sich auch bey den Confect noch viel zu tragen."(Kriegschronik S.330)

Als der Kurfürst die Werbetrommel hat rühren lassen, da waren sie in hellen Haufen ihm zugeströmt, auch im Gebirge war kein Ort, aus welchem sich nicht Leute unter seinen Fahnen eingefunden hätten, aus Scheibenberg allein waren es über dreißig. Bald stand ihm ein Heer von 24.000 Mann unter dem Feldmarschall Hans Georg von Arnheim* zu Gebote. Aber auch die Defensioner mußten mit zum Dienst heran und wurden zu Besatzungen verwendet, während die Bewachung der Gebirgspässe den Bürgern und Bauern zugewiesen wurde. Im Kriegswald am Reitzenhainer Paß lagen die Marienberger, an den Pässen von Preßnitz, Wiesenthal und Rittersgrün Mannschaften aus den Ämtern Wolkenstein, Schwarzenberg und Grünhain und mußten von den Gebirgern bezahlt und erhalten werden.

Bis hierher war es möglich, der Darstellung der Kriegschronik streng folgend, einen Abriß der Ereignisse zu geben; von diesem Jahre, vondem Einfalle Tillys ins Meißner Land ab, mit welchem das eigentliche Kriegselend für Sachsen überhaupt und das Gebirge insbesondere beginnt, müssen wir darauf verzichten. Wollten wir nur in großen Zügen ein Bild entwerfen, so würden wir dem Leser wenig Neues bieten, und eine *Geschichte des dreißigjährigen Krieges im Erzgebirge* mit ihren zahllosen interessanten Einzelheiten aus dem großen Werke zusammenstellen, paßt nicht in den Rahmen dieser kleinen Schrift. Was wir früher vom Schauplatz gesagt haben, müssen wir in beschränktem Maße auch auf die Kriegschronik anwenden. Weniger die Ausbeute, welche sie der eigentlichen historischen Forschung gewährt - obwohl auch diese hier gar nicht zu unterschätzen ist -, läßt die Arbeit Chr. Lehmanns als eine so hervorragende und verdienstvolle erscheinen, als vielmehr der Gewinn , welcher sich für die Kulturgeschichte des 17. Jahrhunderts aus ihr ergibt, die Schilderung der Zustände auf dem Lande und in den Städten während der Kriegsjahre. Die Einwohner waren den Gewalttätigkeiten der Soldaten gegenüber fast immer und überall auf Selbsthilfe angewiesen.Nahmen sich größere oder kleinere Abteilungen als Salvaguardien (Sauvegarde=Sicherheits-Wache) ihrer an, so war dies meist nur ein Vorwand, durch Erpressung von Diskretionsgeldern den eigenen Vorteil wahrzunehmen; wirklichen Schutz gewährten sie nicht. Hatte man sich daher die Brutalitäten größerer feindlicher Haufen gefallen lassen müssen, so nahm man dafür an einzelnen Leuten um so grimmigere Rache, überfiel sie, wo man nur konnte, schoß sie von hinten nieder, oder schlug sie, wenn sie fest waren, mit Prügeln tot; ebenso wüteten sie oft grausam gegen den die Heere begleitenden Troß von Weibern und Kindern. Als am 29. Dezember 1632 die letzten kaiserlichen über Raschau und Crottendorf nach

Böhmen abzogen, waren es ihrer 1100 Mann zu Fuß und "über 2000 Huren und Buben mit vieler Bagage."

Wenn auch ihnen ein roher Spaß gelang, so erblickten sie darin eine kleine Genugtuung für die unzähligen Gemeinheiten, denen sie und vor allem ihre Frauen und Töchter täglich ausgesetzt waren. Einem kaiserlichen Soldaten, der in die Brotbänke eingebrochen war und nun mit seinem Raube zum Fenster hinauskroch, schoß ein Scheibenberger den bei dieser Bewegung am meisten gefährdeten Teil seines Körpers so voll Schrot, daß er halbtot davon lief und vor dem Städtchen zusammenbrach. Später schlug wohl auch dem einen oder anderen das Gewissen, wenn er der am Feinde begangenen Mordtaten gedachte: der Jahnmartin am Küheberg (d.i.Bärenstein) klagte oft, daß er an seinen Händen den Geruch von Menschenfleisch nicht los werden könne, denn er hatte viel Soldaten helfen erschlagen; und Lehmann erzählt von solchen Bauern unter Nennung ihrer Namen, daß sie später elendiglich umgekommen seien. Erfolge im kleinen ermutigten die Landbevölkerung sich unter ihren Amtleuten und Oberförstern auch zu Haufen zusammenzuscharen und sich so ihrer Peiniger zu erwehren, und das vom Kurfürsten eingerichtete Defensionerwesen, durch welches in einem Teile der Einwohner kriegerischer Sinn geweckt worden war, leistete solchem Beginnen Vorschub. Bisweilen hatten sie Glück, öfter noch Unglück, da

es ihnen an Kriegserfahrung und verständlicher Führung gebrach. In ihrer Einfalt bedachten sie oft nicht, welch starken Rückhalt die kleinen Abteilungen, mit denen sie leichtes Spiel zu haben glaubten, an dem Gros des Heeres hatten. Die Folge eines derartigen Unternehmens war die Zerstörung von Grünhain.
Die Kaiserlichen hielten 1632 in Böhmen die Ausgänge der Pässe von Preßnitz und Reitzenhain besetzt, um, so oft sie wollte, das Gebirge überfallen und Beute machen zu können. Da taten sich die Bauern zu 200 bis 500 Mann zusammen, und in übermütigem Vertrauen auf die dadurch erlangte Stärke verweigerten sie Kontributionen, vertrieben die Kaiserlichen aus den Schanzen und lauerten ihnen auf, wenn sie mit Beute durchs Gebirge zogen. Am 28.Oktober überfielen 100 beschossene (d.i. mit Feuergewehr versehene) Bauern und 20 Berittene einen kaiserlichen Zug, schossen viele nieder, raubten ihre Pferde, plünderten die Wagen, gingen mit den Weibern übel um und verjagten die Reiter. Als aber diese merkten, wie ein jeder mit dem, was er bekommen, sich heimlich wegmachte, sammelten sie sich wieder, und es kam aufs neue zum Kampfe, der für die Bauern schlimm abgelaufen wäre, wenn nicht ihre Berittenen den Ausschlag gegeben und die Kaiserlichen zum zweiten Male vertrieben hätten. So schien es, als wenn die Bauern wirklich einen kleinen Vorteil errungen hätten, und sie bildeten sich nicht wenig darauf ein. Die Kaiserlichen hatten aber in

Erfahrung zu bringen gewußt, woher und wie stark ihre Gegner gewesen, und daß der Amtsschösser von Grünhain, Friedrich Türck, ihr Anführer sei. Nun liefen beim General Gallas, welcher um Freiberg lag, von allen Seiten Klagen über die Bauern ein, als wenn ihrer einige tausend wären. Wiederholt schickte dieser Kuriere an Friedrich Türcken mit Warnungen und Drohungen und verlangte Kontribution. Einige einsichtsvollere unter den Bauern zeigten sich bereit, hundert Thaler zusammenzuschießen und so die Gefahr abzuwenden; doch Friedrich Türck wollte nichts davon wissen und ließ den Kaiserlichen entbieten: er wolle ihnen Pestilen, Pulver und Blei und alle katholischen Steine aus dem Kloster Grünhain auf die Köpfe geben. So dummdreistes Gebaren konnte nicht ungestraft bleiben. Gallas entsandte 2000 Pferde mit zwanzig Standarten unter dem Obristen Kehrauß gegen die Bauern ins Gebirge. Am 7. November kamen sie durch Kühnhaide, hieben vier Männer nieder , und drei Kinder verbranten sie mitsamt dem Reißighaufen, in welchen sie sich versteckt hatten. In Zwönitz ließen sie einen armen Tagelöhner, der nicht wußte, wie stark die Bauern waren und wo sie lagen zu Tode martern, vier andere erschossen sie. Friedrich Türck hatte die Grünhainer und Elterleiner aufgeboten, den Paß auf der Straße von Zwönitz nach Grünhain verhauen lassen und ihn mit 50 Musketiere besetzt. Am 8. November kam der Feind. Türck hielt anfangs stand und feuerte seine Leute an,

aber es half wenig. Kaiserliche Kürassiere hieben den Paß auf, und als die Defensioner sich verschossen, ritt ihr Anführer davon und überließ die armen Leute am Paß und im Städtlein ihrem Schicksal. Den meisten half Gott davon: Wälder, Sümpfe und Berge nahmen sie auf; nur zwei aus Kühnhaide und einer aus Zwönitz fielen.
Der Feind drang nun ungehindert durch, fand Kloster und Städtchen verlassen, die wenigen, welche zurückgeblieben waren, wurden niedergemacht. Dann legten sie an verschiedenen Enden Feuer an und nahmen sich dabei nicht einmal Zeit, das Vieh herauszutreiben, über hundert Stück und zwei Menschen kamen in den Flammen um. In einer Stunde hatte das Feuer Kloster, Kirche, Gemeindegebäude und alle Bürgerwohnungen mit ihren Vorräten bis auf fünf kleine Häuschen aufgezehrt; auch alle Gemeinde-, Berg- und Kirchenbücher verdarben bei dem Brande. Als das ganze Städtchen in lichterloher Glut stand, so daß man das Geprassel davon bis nach Scheibenberg hörte, bliesen die kaiserlichen Trompeter, als hätten sie die Welt erobert!
Noch andere Ortschaften wurden heimgesucht, bis Obrist Kehrauß durch eine reitende Post von Chemnitz und Scharfenstein eilends zurückgerufen wurde, weil inzwischen die Nachricht von der Niederlage bei Lützen* eingetroffen war. Dank der Unbesonnenheit ihres Amtsschössers hatten die Grünhainer alles verloren, den Winter über hielten sich die meisten

in Elterlein und Beyerfeld auf, im nächsten Jahre starben sie fast alle an der Pest. Zu Ehren Friedrich Türcks, der diesen Unruhen überhaupt eine große Rolle spielte, sei erwähnt, daß er sich doch auch manche Verdienste erwarb; so hatte er, als Obristlieutenant von Brandenstein am 10. August durch den Preßnitzer Paß in die Annaberger Gegend eingefallen war, die Kaiserlichen wieder nach Böhmen zurückgejagt; vor allem wird von ihm gerühmt, " er habe seine Bauern dermaßen animirt vnd abgerich, daß sie ihnen nicht allein gut Gewehr geschafft, sondern auch frisch vorn Feind standen, keine Gefahr scheueten und sich trefflich wehreten, sonderlich wen er darbey wahr vnd ihnen zuesprach."

Im ebeneren Land um Chemnitz und Freiberg, das für größere Truppenmassen Raum bot, waren bald alle Lebensmittel aufgezehrt. Darum kamen oft zwanzig, dreißig Wagen mit kaiserlichen Marketendern in die Bergstädte, besonders nach Annaberg, und tauschten ihren Raub an Zinn, Kupfer, Kleidern und Kostbarkeiten gegen Brot, Wein, Bier, Tabak, Tuch, Koller, Stiefeln, Hufeisen und ähnliches ein, so daß die, welche mit ihnen paschten, gute Geschäfte machten. Das verdroß das Landvolk, welchem der Kurfürst einige Freiheit ließ, die Feinde zu schädigen, wo sie konnten. So paßten sie denn einmal drei Tage lang scharf auf sie, aber die Marketender waren gewarnt worden und in der Stadt geblieben. Da erfuhr einer der Bauernführer, Christian Reppel, Richter zu Königswalde, daß wiederum zwanzig

Wagen nach Annaberg unterwegs seien. Mit hundert wohlbeschossenen Bauern suchte er diese abzufangen. Als das mißlang, lagerten sie sich am 19.Nivember, 500 Mann stark, ohne was sonst auf den Raub mitlief, vor das Böhmische und das Buchholzer Tor von Annaberg. Ihre Keckheit wurde dadurch noch besonders erhöht, daß sie die Schweden vor Chemnitz liegen wußten. Mit Trommeln und Sturmleitern kamen sie angezogen, verlangten die Auslieferung der Feinde, schossen und warfen mit Steinen in die Stadt, sodaß die Bürger sich zur Wehre setzen mußten. Unter Verhandlungen ging der erste Tag zu Ende. Am folgenden erschienen einige hundert schwedische Reiter, plünderten die Marketender und führten sie gefangen nach Chemnitz. Die Bauern hatten das Nachsehen! Solche Belagerungen Annabergs fanden noch mehrmals statt, freilich ohne daß viel dabei erreicht worden wäre. Durch planmäßiges Vorgehen der Bauern hätte wohl manches Unglück vermieden werden können. Den Rittersgrüner Paß, welchen Holcke bei seinem dritten Einfall in Sachsen, am 4. August 1633, aufhauen ließ, schildert uns der Chronist als "enge, bergicht, theils marastigt vnd wilt, 4 Stundten lang übern rauhen Wald zu passiren vnd durch die Rittersgrün wegen der Felsen vnd unebenen Straße von Krümmen vnd Steinen so schwer zue fahren, daß sie an Stücken vnd Munitionswägen viel zerbrochen vnd in Crandorf einen gantzen Tag daran bauen vnd schmieden müssen. Woher nichts Unmögliches gewesen, mit 3000 Mann in solcher Enge die gantze Armee aufzuhalten vnd mit 100 Mann den verhauenen Paß zu defendiren, wo GOtt nicht mit Blindt- vnd Sicherheit gestraffet hatte. Den Abendt zuvor haben die Leute in der Rittersgrün vnd Beyerfeld auf 2 Hochzeiten getantzt vnd gesprungen, die Gründtner Gäste in Wirthsheußern gezecht vnd gesungen, vnd die Behrfelder vnd Grünhainer von Feindt nichts eher erfahren, biß den 4. Aug. schon ezliche 1000 zue Roß vorbey marchirt gewesen, so doch sie kaum eine halbe Stundte von der Straße liegen." Mit großer Ausführlichkeit wird der erste Einfall Holckes im August 1632 beschrieben, Stadt für Stadt und Dorf für Dorf werden die Drangsale und Greueltaten bis ins Kleinste aufgezählt. Von diesem Abschnitte des Werkes, die drei Einfälle des Wallensteiner Generals umfassend, ist eine kurze Übersicht nebst einigen charakteristischen Auszügen von K.G.Helbg in den Neuen Jahrbüchern der Geschichte und Politik, Leipzig 1845,S.135 ff., gegeben worden, das einzige, was bis jetzt über die Lehmannsche Kriegschronik an die Öffentlichkeit gedrungen ist.

Auch über die Person Holckes erfahren wir hie und da etwas, auch einiges, das uns den General in freundlicherem Lichte erscheinen läßt, so wenn er die dummen Leute im Gebirge gemütlich auslacht, daß sie nicht einmal wüßten, was Salvaguardien wären, wenn er den Bitten eines treuherzigen Gebirgers, der ihm durch seine biederen Reden gefallen hatte, nachgibt und der

Stadt Schwarzenberg Schonung zu teil werden läßt.

Bekannt ist, daß Annaberg bei diesem Zuge besser weg kam als irgend eine andere Stadt; wie dies aber zugegangen, ist vielleicht weniger bekannt. Lehmann schreibt darüber : "General Holcke hatte schon von der Mipe aus Boten vnd gefangene Bauern mit Briefen nach Annaberg abgeschickt und Anordnung des Proviants wegen bey ihnen gesucht. Die Bauern aber wahren alle entlauffen vnd hatten die Briefe weggeworfen, nur ein Schuster von Schwartzenberg, Herzog genandt, wahr mit einer schriftlichen Salvaguardie eingekommen, vnd brachte die Post und erschreckte die gantze Stadt, daß sie ihre besten Mobilien meist in die Kirche vnd die Schächte schafften, auch sind die 250 Menschen in einen Stoln am Wolffsstein gekrochen: die vbrigen wußten nicht, was sie thun solten, weil der Kern von der Bürgerschafft noch ander Grentzwehr stunden vnd nicht daheim wahren, vnd alß der General die Stadt von Schottenberg ließ anblasen vnd von den Rath die Übergabe er Stadt begehren, schickte der Rath ihnen erstlich entgegen die wohlgeborene Fraw Elisabeth Schlickin Burggräfin zu Passau etc., eine Böhmische Exulantin, die sich izo in der Stadt aufhielte. Die bate vor die abgebrante Stadt [Am 19.Novbr.) 1630 hatte Annaberg durch eine nächtliche Feuersbrunst 373 Häuser, darunter auch die Superintendantur, die Bergkapelle und das Rathaus, verloren; nur etwa 200 Gebäude waren verschont geblieben.] welche er gar höflich empfinge vnd sich gegen ihr alles guts erbotte, biß ein Ehrenw. Rath kame vnd vor den Buchholtzer Thore mit Übergabe vnd Lieferung der Schlüssel vmb Schutz vnd Gnade bat. Damit kommandirte er die Rregimenter vmb die Stadt her, besazte die Thore vnd verbotte der Wache, keinen Crabaten in die Stadt zu lassen, gab Salvaguardien auß auf Geyer, Tannenberg, Königswalde, vnd wer sie begehrte : nahm gar höflich Abschied von der Gräfin vnd logirte bey einem Bürger, ließ den 21. August durch Vorbitte der Bürger mit seinen eigenen Trompeter die Leute auß den Stoln in die Stadt confoiren: Den sie sind nicht sicher an solchen Ortten, sagte der General, meine Crabaten haben zu Schneeberg Feuer in die Schächte geworffen, daß die Leute erstickt sindt. Der General blieb 3 Tage lang in der Stadt liegen mit ezlichen Compagnien zue Roß vnd Fuß, ließ sich mit 500 Thalern zur Discretion begnügen, seine Außlösung aber kostete vber 3000 Thlr." Aus anderen Darstellungen dieser Begebenheit fügen wir ergänzend hinzu, daß Holcke alle Ursache hatte, jener Gräfin dankbar zu sein. Mehrere Jahre zuvor war es zwischen ihm und dem sächsischen Obristen Bechmann zum Zweikampfe gekommen, welcher damit endete, daß dieser das Leben, Holcke das linke Auge verlor. Da war er in schwerer Krankheit von der Gräfin und deren Mutter gepflegt worden. (Textor, Holckes Vernichtungszug, nennt sie Sidonia und ihre Mutter Ursula von Hassenstein, ihr Schloß, auf welchem der General von seiner Wunde genas, Prachatitz in Böhmen.) Daß er auch mit den von seinen Kroaten verübten Greueln nicht immer einverstanden war, kann folgender Vorfall lehren. Holcke lag bei seinem zweiten kurzen Einfalle ins Gebirge, als er Zwickau entsetzen wollte, mit einigen Kompagnien auf dem Schlosse zu Schletta und deckte am 28.Dezember mit diesen den Rückzug. Bei seinem Aufbruch befahl er dem Pachtinhaber Hans Ernst Pistoris, er solle die Zugbrücke hinter sich aufziehen, damit seine Leute nicht einfallen und Schaden tun könnten. Jedoch noch ehe dies möglich war, drangen bereits eine Anzahl Musketiere ein, zogen den Ortspfarrer, dessen Weib und den Kaplan vollständig aus, so daß sie sich vor einander schämen mußten. Die Pachtfrau entsprang halb nackend und klagte es dem General. Dieser ließ die Räuber nicht allein herausprügeln, sondern schoß sogar selbst einen von ihnen nieder, daß er mitsamt seinem Raube liegen blieb.

Diesen zweiten Einfall haben wir schon bei früherer Gelegenheit teilweise geschildert, ebenso einige Szenen aus späteren Kriegsjahren. Wir müssen uns, so schwer es auch fällt, entschließen , abzubrechen und es mit dem bis jetzt Gebotenen genug sein zu lassen, das nicht etwa ängstlich ausgesucht werden mußte, sondern aus der Fülle des Anziehenden herausgegriffen ist.

Etwa neunzig Seiten kommen auf die Zeit vom westfälischen Frieden(22) bis zum Jahre 1677, mit welchem das Werk schließt. Wie es die Zeit mit sich brachte, treten hier die nichtkriegerischen Ereignisse, welche in den früheren Jahren nur als Beigabe erschienen, mehr in den Vordergrund, und wir treffen hier auf manche Begebenheiten, welche auch im Schauplatz zu lesen sind. Größeren Raum nehmen nur die Kämpfe gegen die Türken in Ungarn und die Raubzüge Ludwigs XIV. in Anspruch.

Im Schauplatz bezieht sich M.Lehmann einige Male auf seine Kriegschronik. Etliche Namen erzgebirgischer Ortschaften wie Steritknochen, Kriegwald, Hundsmarter, Hundsrücken, gerädeter Mann, Siehdichfür, Haderwinkel, Raupennest, welche auf Jammer und Unglück bei vielfältigen Ein- und Ausfällen, Massakrieren und Schlachten der alten böhmischen und meißnischen Völker hinweisen, veranlassen den Autor S.17 zu einer Andeutung, daß darüber "mit der Zeit" seine Kriegschronik nachgelesen werden könne. Andre Erwähnungen finden sich S.101, 151, 152. Die einzige Spur einer Benutzung des Werkes findet sich in einem Elterleiner Manuskript - Acta, die Chronik der Stadt Elterlein enthaltend. Blatt 6 a verfaßt sind dieselben zum großen Teil von dem schon erwähnten Pastor Christoph Schreiter. Dort ist die Rede von der Eroberung Elterleins durch die Hussiten 1429. Zum Gedächtnis daran habe man viele Jahre lang in der Kirche einen Kasten mit Hussitenpfeilen aufbewahrt, mit welchen eine Anzahl Einwohner erschossen worden wären: "Christian Lehmann, der sich um die erzgebirgische Geschichte so verdient gemacht hat, versichert in seinem *Tomo Martiali*, diesen Kasten mit Pfeilen noch in seiner Jugend gesehen zu haben."

Weitere literarische Verwertung hat die Kriegschronik... bis jetzt noch nicht gefunden, selbst bei **Hering** , **Geschichte des sächsischen Hochlandes**, Leipzig 1828, und bei **Textor**, **Vernichtungszug des kaiserlichen Feldherrn Holke durch das sächsische Erzgebirge im Jahre 1632**, Zwickau 1829, haben wir vergebens nach einer Erwähnung derselben gesucht, während der **Schauplatz** von beiden benutzt worden ist; und doch ist sie als Quellenwerk für die Geschichte des Erzgebirges, mindestens für die Zeit des Dreißigjährigen Krieges, nicht zu entbehren. Eine wortgetreue Textprobe soll auch hier den Abschluß bilden. Sie enthält eine Episode aus der Schwedendrangsal im Obererzgebirge. General Baner war, nachdem er Gallas zurückgedrängt, 1639 unter furchtbaren Verwüstungen nach Böhmen gezogen und hatte sich dort mit dem französischen Heere vereinigt. Das ausgesogene Böhmen vermochte jedoch den beiden starken Heeren nicht mehr die nötigen Lebensmittel zu bieten, daher mußte Baner seine Völker wieder zurücknehmen. So fing sich denn "die schwedische Plackerei" stracks mit dem lieben neuen Jahre 1640 im Gebirge wieder an und dauerte acht Wochen, innerhalb welcher eine Abteilung immer der anderen folgte. Obwohl das Land unter der schwedischen Kontribution war, so half dies doch nichts, "es mußte sich tribuliren und ausplündern lassen." Der gleich eingangs erwähnte Marsch ist der des schwedischen Generalmajors Schlange, der bei Kaaden gelegen hatte und sich nun im März über Joachimsthal und Gottesgab langsam durch das Gebirge auf Zwickau zurückzog.

Daß die Orthographie dieses Stückes mit der des Schauplatzes nicht immer übereinstimmt, darf nicht befremden, da ja die Herausgabe des letzteren elf Jahre nach dem Tode des Verfassers von anderer Hand besorgt wurde; man wird leicht bemerken, daß sie in der Kriegrchronik in manchen Punkten schwankend ist : Wald neben Walt, Kleiter neben Kleidung, Partey neben Parthei u.a. Bezüglich der großen oder kleinen Anfangsbuchstaben, welche in der Handschrift nicht immer deutlich unterschieden werden, sind wir im wesentlichen dem Usus im Schauplatze gefolgt. Das fett gedruckte ist in er Handschrift rot unterstrichen :

Plünderung auf den Gottsgeber Wäldern

Auß Furcht vor diesen March, wahren die Einwohner meist auf die Wälder gewichen mit ihren vbrigen Viehe und Mobilien. Die

Scheibenberger vnd Waltersdörfer lagen an großen Hemberg, die Crotendörfer an kleinen Hemberg vnd an der Tzschopa, die Gründner an Schwartzenzeichen vnd an Felsel, andere an andern Ortten, Heinrich Eberwein hatte eine Hütte mit Schindeln gedeckt bauen vnd Hew vnd alle Mobilien vor Menschen vnd Viehe hienauß schaffen laßen. Nach deßen Exempel hatten auch andere ihre Hütten zue gerichtet, daß sie vor Frost vnd Hunger wohl bleiben können, wen sie der Feind nicht hette aufgetrieben. Aber die Feinde zue Roß vnd Fuß stelleten **eine erschreckliche Menschenjagd** an auf diesen Wäldern vnd kahmen immer näher. Der große vnd kleine Hemberge sind große lange hohe vnd mit Holtz dick bewachsene Wälder, welche ein Bach vnd Brettmühle scheidet, haben wenig Zuegänge vnd vber 2 hohle Wege nicht, darauf vnd darin man auf die Berge kommen, Klötzer, Brennholtz vnd Kohlen abführen kan, welche wen sie recht verhauen vnd mit beschoßenen Wäldnern wehren besetzt worden, hetten sie 2 vnd 3000 Mann abschrecken können. Wie den erstlich sich in die 50 Mann hatten zuesammengeschlagen, **die 2 Klötzerwege** verhauen vnd die Brücke vbern Bach an großen Hemberg abgetragen vnd die darbey stehende Brettmühle zum Wachhause eingenommen vnd den 12.Martij eine Partey Fußgänger von Schlangischen Regiment auß der Sehm mit schießen abgetrieben, hieße es doch nur vbel ärger gemacht vnd Feind auf den Wald angewiesen. Den 13.Martij kahmen 300

Musquetirer auß denen Dörfern, gaben mächtig Feuer, jagten die Wächter auß der Brettmühle in den Wald, **branden dieselbe ab**, brachten eine Furcht vnter die Flüchtigen, sazten weiter in die Wälder, funden Läger vnd Hütten der Menschen vnd Viehe, raubten Menschen, Pferde, Viehe, Gelt und Victualien vnd was sie funden, reizten die andern hungrigen Soltaten zue Roß vnd Fuß desgleichen, daß sie teglich ezliche 100 kommen und diese Wälder 2 Meil Weges lang biß uber die Gottsgabe durch geplündert. Den 21. 22. 23. Martij ist das Wüden und jagen am ärgsten gewesen, in welchen Tagen alle Zeit 4000 Soltaten an allen Ortten in die Wälde gefallen, dieselben gleichsam umbstellet vnd durchjaget, viel 100 Stück Viehe, vnd viel 1000 Thlr. Wehrt an Mobilien vnd köstlichen Sachen weggenommen. Den darzu kam dieses Unglück. Es hatten die Fürnembsten in diesen Refier, von Hammerherrn, Oberförster, Richter vnd Bürgern ihre beste Sachen von Kleitern vnd Schmuck auf diese Wälde geschaffet vnd solche in Kästen vnd Schlagfäßern **Christoph Langen einen Köhler von Crotendorf**, welcher allererst Anno 1660. 6. Febr. zue Crotendorf gestorben, anvertrauet, daß er sie doselbst in seinen Haw, vnter die Kohlstädte vnd gar in die Meuler verbergen vnd verwahren solte, dieser wurde den Feind verrathen vnd das Beste zum ersten Mahl weg geraubet, dieser Kohlhau wahr an kleinen Hemberg zwischen der 4. und 5. Rundung*. Alß nun ezliche Partheyen darmit wieder in die

Qvartiere kahmen vnd so köstliche Sachen brachten, ritte was da reitten kunde, dergleichen Beute zu hohlen, daß immer eine Parthei der andern zue Roß vnd Fuß folgte, die Straße ginge dohin wie in einen March, daß oft ezliche 100 vff den Wald zuesammen kommen sindt, vnd alle schrien : Wo ist der Haw ? wo ist der Haw ? schlugen vnd nötigten die Leute, daß sie ihnen musten den geplünderten Haw weißen, darauß die Vorigen Schätze hatten gehoben. **Mit einen Exempel will ich beweisen, was der Feind in dem Haw hat bekommen.** Einen Oberförster haben sie genommen 3 Pferde, 60 Stück Viehe, 350 Schock Ellen Leinwand, 200 Loth Silber ohne das Golt, 6fache seidene Weibskleiter, 4 fache Manskleiter, 10 Hirschheute, 12 Fuchsbälge, 26 **Pirschbüchsen** in einen Faß, darunter eines von 30 Thlr., ohne allen Vorrath an Mobilien, Betten, Büchern etc. Den Hammerfrauen von Elterlein an der großen Mipe **66 Stücke Pferd vnd Rindviehe**, davon 3 Calben entlauffen, das ist wieder ihr Saamen vnd Ankunft gewesen, ihre kostbaren Sachen an Kleidungen vnd Schmuck in dem Hau, vnd doheime in vermauerten Keller vnd Schlackenhauffen verborgen, haben sie alles funden vnd auf ezliche 1000 Thlr. Schaden gethan. **Mann rechne nun, was ezlichen 1000 Menschen** auf diesen Wäldern ist abgenommen worden. Wan nun hungeriche Partheyen kamen, die nichts funden, noch sich beladen kunden, ließen sie ihren Grimm an Menschen auß, fingen, schlugen vnd nöthigten sie, daß sie mit ihnen lauffen vnd Menschen vnd Viehe zeigen musten, do haben sie Mans- und Weibsbilder fingernackendt außgezogen, züchtige Frauen im Walde geschändet, die Jungfern zum Mißbrauch an die Riemen gebunden, in die Qvartier geführt vnd so schendlich tractiret, daß sie nach den March gestorben. Do sahe man Schande vnd Unehre, auch Liebe vnd Zucht. Die krancken Männer wurden auß den Betten geworfen, die gesunden außgezogen, daß **sie ihre Scham mit Reißig vnd alten Säcken** musten zuedecken. Do hielten theils Männer vber ihre Weiber, die Mütter vber ihren Töchtern, **ließen sich bludent, taub, vnd die Pistolen auf sich vff Stücken schmeißen,** ehe sie ein ander gelaßen vnd ihre Leute wegnehmen. Manches züchtiges Weibsbild hat sich ihres Ehrenschänders erwehret **vnd ist ihn ritterlich entlauffen.** Wiedervmb musten die halb entblösten ihr eigen Viehe, oder Kleiter oder Säcke mit Gedreite auffaßen, in die Qvartire führen oder nach Schwartzenberg tragen, welches versalvagvardirt wahr, do galt 1 Kuhe 2 Thlr., 1 Ochß 3 Thlr., 1 Sack Korn 8.9.10 Gr. Viel Weibesbilder haben sie mit sich in Krieg genommen, andere aber mit sich biß in die nähesten Städte, biß sie sich mit Geld ledig gemacht haben. Die Furcht, Angst vnd Noth auf den Walde ist nicht genug zue beschreiben. **Einen Schul-Meister** haben sie mit den Füßen an einen Baum gehengt, den doch die Weiber noch erbeten, weil er keine Beuten zue weißen gewust, einen Pfarrer mit seinen Weib, der sie den Rock von Leib schneiden wollen, vnd seiner Magd, den Rock abgeschnitten, vnd 2 kleinen krancken Kindern haben sie nicht den das Leben gelaßen vnd vor 2 Ducaten in Annaberg confoiret* : das andere flüchtige Volck in solcher Menschenjagt wurde so erschrecket vnd geschlagen, daß die schwangern Weiber abortiret, in dem Auflauf **2 Wochenkinder erstöcket,** die zur Unzeit geborne Kinder ohne Taufe starben, andere vor Hunger, Frost vnd Erschrecknüß erkrancket vnd dohin gebracht wurden, daß sie sich in die Schächte, Schurfe, Waldgruben verstecket, mit Mooß vnd Schindelspänen zue gedecket, theils in die hohlen Beume vnd gar in die Bäerenlöcher sich verkrochen vnd die wilden Bäeren aufgetrieben, den es hatte das Ansehen, alß wen alle bösen Geister in die Soltaten vnd Bäeren zuegleich gefahren wehren vnd hetten sich vereiniget, die armen Flüchtigen in Walde zue verfolgen. Den in den Rumor hat sichs begeben, daß ein **großer grausamer Bäer auß seinen Lager gefahren,** zwischen den Flüchtigen vnd Soltaten vmbhergelauffen vnd seine Retterade gesucht, weil er aber vberall Menschen von feinden vnd Versteckten angetroffen, vnd nirgends Ruhe finden können, hat er die Furcht in ein Wüden verwandelt vnd in Grimm vnd Lauf nicht weit von Floßteuch an der kleinen Mipe ein **lahmes Mägdlein vo 12 Jahren Mariam, Hans Günthers** in der Mipe Weißlein, welches die Freunde in einen Korb mit sich auf den Walt genommen vnd doselbst vor den Ehrenschendern entlauffen vnd stehen lassen müßen, ergriffen, todtgebißen vnd zerrißen, folgendts ein ander Mägdlein von Elterlein Salome, Andres Jägers Fleischers Tochter, mit **blutigen Maul in der Flucht vmbgestoßen,** jedoch weil ihm die Reuter auf den Halse gewesen, vnbeschedigt lauffen laßen. Die Flüchtigen haben eines Theils ihr Viehe biß auf die Gottesgabe vber Breittenbrunn hienauß nach der guldenen Höhe vnd Glücksburg bracht, aber die Feinde sind Quer vnd lange durch den gantzen Wald den Fußstapfen nachgelauffen vnd geritten, theils Viehe ereilet, vnd do die Menschen entlauffen, sie dennoch zur Gottesgabe vnd an andern Ortten wieder gefangen vnd sie genöthiget ihr vnd das böhmische Viehe vbern Wald zue treiben vnd ihre schöne Kinder vor baares Golt zue lösen. Den wen sie zueletzt ein schön Kindt sahen, hielten sies vor ein Adelich oder Herren-Kindt vnd woltens schlechts dieselbe den Eltern rauben. Darbey wahr Hunger vnd Kummer, daß die Leute in 4. 5 Tagen keinen Bißen Brod hatten, ihre Kinder theils mit Kleien vnd Wasserbreyen, sich aber mit Sauerkraut ohne Schmaltz vnd Saltz gesettiget. Es wahren zerstreuet von einander die Eheleute, die Eltern von Kindern, die Freunde vnd Nachbarn von einander, daß manches in 6 Tagen nicht wuste, wo eins oder das andere wahr hinkommen vnd fanden sich selzam zuesammen, die Weiber kahmen von der Platten oder guldenen Höhe, die

Männer von Schwartzenberg, Zwenitz vnd Geyer, die KInder von der Sehm, Annen- oder Marienberg wieder zuesammen, den 24. Martij wurde Linderung.

(Auf den Rändern befindet sich ein Nachtrag von der Hand des Verfassers, etwa zwei Drittel so lang als die ganze hier abgedruckte Schilderung: "In specie wie es zuegegangen in der Wald-Plünderung." Ist schonn der Text selbst geeignet, den Leser mit Abscheu und Mitleid zu erfüllen, so erst recht dieser Nachtrag mit seinen oft grauenhaften Einzelheiten, welche über bestimmte Persönlichkeiten erzählt werden.)

In Annenberg lagen 2 Regimenter , vnd der Stab, die fraßen darinnen vnd die Regimenter vmb die Stadt alles auf, daß weder Brod noch Bier, weder Saltz noch Würtz mehr wahr zue bekommen, die Soltaten fraßen das Fleisch ohne Brod, die Offiirer bucken Brod von Schrot vnd halb außgebacken, daß die Annenberger theils daran erkranckten; was von Landtvolck auß dem Walt vnd Heußern wahr gejagt worden, das kroche und lief halbnackendt des Nachts nach Annenberg, vnd hatten doch darbey weder zue brocken noch zue beißen, do wahr jammer vnd Noth in allen Gaßen, daß sich auch des jammern ließe die Geistlichkeit zum Annenberg. **Der herr Superintendens M. Johannes Hoffsteter,** mit seinen Herrn Colegen vereinigt, ginge zue der Frauen Gräffin, des General Baners Gemahl, vnd legte eine Vorbitte ein vor die Stadt vnd das verjagte Volck, welches nicht allein nichts mehr den Soltaten zue geben hatte, sondern auch selbst fast Hungers starbe, welche so viel fruchtete, daß der Baner den 24. Martij vffbrache, das Fußvolck vnd Artollerey in garstigen stöbrigten naßen vnd bösen weichen Wetter marchiren vnd bei Hermersdorf (jetzt Hormersdorf) vermarken ließe. Dieser March bey kotigten Wetter ging schwer her, sie musten sich mit den Stücken den Fronauer Berg hienauf sehr lestern* vnd die Musquetirer zue Hülffe nehmen, ehe sie in hohlen Weg fort vnd vbern Berg kahmen, die Cavalleri marchirte vff der Seite vnd stelleten sich auf die Hermersdörffer Höhe, gegen den Froschstein stunde die Reutterey, vber der Mühle den Hügel hienauf das Fußvolck, vnd alß er Randefoi* gehalten, ging der March vff 6 Straßen vnd in der Furi nach Zwicka , theils vff Geier, Die Cavalleri guten Theils auf den Grundt durch Scheibenberg, die Stücke auf Elterlein vnd wahren alle Straßen vnd Felder in March Grund vnd Boden loß gefahren vnd geritten. Ehe sie von Hermersdorf weggingen, ließ Baner 4 Bauershöfe anzünden vnd den Rückständigen ohne Zweiffel das Loß geben, daß sie eilendts nachgingen. Zue Zwicka hat er 12 Tage außgeruhet vnd in der Osternacht nicht ohne Confusion fortgangen; vntter vnd nach den March aßen die Armen in Städtlein vnd Dörffern fast unmenschliche Speise, vor Hunger, 1 vnd 2 tägliche Kelber, so halb verschmachtet vnd von geräubten Kühen stehen blieben, item die vmbgefallenen Kühe, die weggeworfenen Kutteln*, Köpfe und Füße, ohne Saltz vnd Brot, kochten das Korn, darvon die Leutte zum Elterlein vnd Scheibenberg erkranckten, von Frost, Erschrecknüß vnd böser Speise hinstarben, allermeist aber an der Soltaten Kranckheit vnd Stanck, den die Soltaten hatten hinder sich gelassen vnd ezliche Jahre nach einander hat angehalten.

* * *

4. Kirchen-Historie des Ertzgebirges

D. Chr. Lehmann : Historia Ecclesiastica hujus tractus, cum plurima mentione Reformationis Papisticae in Bohemia, propter viciniam locorum, expectat industriam hominis solertis et studiosi, qui in ordinem redigat, et supremam imponat.

Tentzel : Die Kirchen-Historie dieses Gebürges, wobey zugleich wegen des angräntzenden Böhmer-Landes die in dem selben vorgangene Päbstische Reformation offt berühret ist: Sie erwartet einen fleißigen Mann, der sie in Ordnung bringet und vollendet.

Im Schauplatz werden die **Res memorabiles Ecclesiasticae** nur in der Vorrede S. XIX erwähnt. Kriegschronik S. 714 wird bei dem Bericht von der Vertreibung der Evangelischen aus Joachimsthal im Jahre 1650 auf die **Religions-Chronik** verwiesen.

5. Berg-Chronik

D. Chr. Lehmann : Historia Metallica e MSCt. ....

Tentzel : Historia Metallica ist zwar von M. Immanuel Lehmann angefangen worden, aus denen väterlichen MSCtis zusammenzutragen, welcher auch viel, so des Lichts wohl werth, praestiret, aber wegen seines frühzeitigen Absterbens nicht zum Stande gebracht. Ist also entweder dessen Sohns, oder eines anderen Fleiß zu überlassen, und verdient allerdings von einem gelehrten und erfahrenen Manne nach Anleitung des Collectoris ausgearbeitet zu werden.

Den Inhalt bildeten nach der Vorrede zum Schauplatz S. XIX: "die denkwürdigen Bergsachen, was sowohl den Zustand der Metallen und Mineralien, in der Erde, als derselben Gewältigung, und letzlich zu Gutmachung, samt dem gantzen Berg-Bau mit aller seiner Zugehör, und vielen darbey vorfallenden curiösen Observationen und Historien betrifft." Ebendaselbst wird uns auch der Grund angegeben, warum diese *Res Metallica* nicht mit unter die Naturales (d.i. Tomus Naturales, also Schauplatz !) aufgenommen worden waren, sondern ein Werk für sich bildeten: es gebe dieses metallreiche Gebirge dazu allzuviel Stoff an die Hand.

Dennoch mußte vieles davon auch im Schauplatz bereits zur Behandlung kommen, zum großen Teil mögen es geradezu Auszüge aus der Bergchronik gewesen sein, wie die häufigen Beziehungen auf dieselbe zeigen, so die Kapitel von den Bergen im Obererzgebirge, von mineralischen Wassern, von Bergwitterung und Erdbrand und von allerhand Steinen. Wir begnügen uns damit, von den sieben Stellen, an welchen auf den Tomus Metallicus Bezug genommen wird, eine einzige anzuführen : S. 43 :

" Der Bärenstein soll, einiger Erachten nach, auf einem Silberstock stehen, gleich einer Enten, die auf einem Wasser schwimmt, wie dann die alte Berg-Prophezeyung dahin gehet, und daher viel kostbare Röschen (Gräben zur Ableitung des Wassers) und Stolln hineingetrieben worden, die vorliegenden zwey mächtigen Haupt-Gänge zu erschrooten, und die Schätze zu haben, welche auch der vormahligen Ausbeute auf St. Georgen zu Schneeberg gleych seyn sollen. **Davon in meiner Berg-Chronik weitläufftiger zu lesen.**"

Die übrigen Stellen s. S. 29, 202, 430, 459, 461, 942. Aus der letzten geht hervor, daß dort auch von Gespenstern, Kobolden, Jüdeln, ins Haus

gebannten und verbannten Geistern, Bockhohlern(?) , Alpen, Truden und "andern theils schrecklichen theils lächerlichen Spieckereien" viel zu lesen war, mit anderen Worten : es war auch eine **Sammlung von Bergsagen** damit verbunden.
(Ein modernes Werk dieser Art ist: Fr. Wrubel, Sammlung bergmännischer Sagen , Freiberg, Craz und Gerlach, 1883)
Die Bergchronik wünschte Tentzel von den hintelassenen Schriften Lehmanns am allerersten veröffentlicht zu sehen, denn er versprach sich sehr viel von der Arbeit eines Mannes, der ein so langes Leben hindurch stets viel mit Bergleuten umgegangen war, selbst alle Örter und Gänge aufgesucht, aufmerksam beobachtet und vor allem fleißige Aufzeichnungen gemacht hatte.

6. Moral-Chronik

D. Chr. Lehmann : Historia Moralis e variis casibus qui tum serii tum jocosi in his montanis observati sunt e MSCtis colligi, siii accedat judicium et assiduitas Viri eruditi.
Tentzel : von allerhand ernsthafften und lustigen Fällen, so im Gebürge observiret worden.
Während in den bisher erwähnten Schriften die Erzählungen von Begebenheiten aus dem menschlichen Leben, so zahlreich sie auch vorkommen mögen, doch immer nur als Beigabe anzusehen sind, so war es in der Moralchronik

Selbstzweck, eine möglichst reichhaltige **Sammlung von Geschichten und Sagen aus dem Erzgebirge** zu bieten. Es ist das einzige Werk, aus welchem wir im Schauplatz (S.254) eine bestimmte Seitenzahl zitiert finden. Auch eine Anzahl Spezialtitel werden uns genannt, z.B. (S.73): **Von Ungethümern und Gespenster**; wiederholt wird auf die **Mord-Historien** verwiesen (S.662, 833, 842). Ein dritter Titel lautet : **De exulibus** (S.853); über diesen Abschnitt liegt Schaupl.S.10 eine recht interessante Nachricht vor.

Nachdem Lehmann erwähnt hat, daß der Oberkreis des Erzgebirges, von Johanngeorgenstadt bis zur Flöhe, vor Erbauung der Bergstädte von den Alten auch die **wilde Ecke** genannt worden sei wegen seines unfreundlichen Aussehens, und besonders weil man wegen der Mörder und Raubtiere nicht ohne große Gefahr habe durchreisen können, fährt er fort : "Spottsweise habens etliche neidische Nachbarn das **Hunger-und Haberland** geheissen, weil sie den armen Exulanten, die sich von An. 1624. biß 50. meist in diesem Gebirge niedergelassen und mit GOttes Hülffe wieder angebauet, den Aufenthalt nicht gegönnet, und wegen einiger Überläuffer, die sich wieder zu den Egyptischen Fleischtöpffen gewendet, das gantze Gebirge geschimpfet und gesagt : So lange die Böhmischen Exulanten in **Beckers** Psalter singen können, und etwas zuzubüssen haben, so lange bleiben sie gute Lutheraner; wenn sie aber

müssen **Habermann** beten, schmal leben und sich den Rauch beissen lassen, so fallen sie wieder ab, wie das unreiffe Obst, und lauffen wieder nach dem Böhmischen Meel und Knödlein. *Wir wollen aber, mit der Hülffe GOttes dieser Schmach-Rede in Tomo Morali gnugsam beantworten."*
Von den Sagen und Spukgeschichten der Moralchronik wird den Lesern des Schauplatzes S.78 und 942 mit etlichen Exempeln immer ein **"Vorschmack"** gegeben. Namentlich sind es Erzählungen von vornehmen Leuten, mit denen der böse Geist sein Spiel getrieben habe. Nach ihrem Tode erschienen sie Hammerarbeitern und ängstigten sie, oder sie erschreckten ihre eigenen Frauen und Kinder, sodaß man diese Spectra in die Wälder verbannen ließ; wer ihnen dort zu nahe kam, wurde greulich gedrückt und gewürgt.

* * *

7. Hundert Teutsche Episteln*

Tentzel: Einhundert Teutsche Episteln von lauter Gebürgischen Historien, so mit leichter Mühe zu compliren. Sonst nirgens erwähnt.

8. Annales

D.Chr. Lehmann: Annales de rebus variis, tempestatibus, prodigiis, annona quorum vis annorum ab ultima aetate confici possunt, si fata volent, et sumptus suppeditabuntur.

Tentzel : Endlich können Annales von allerhand Sachen, Gewittern, Wunderzeichen, Theuerung und dergleichen gemacht werden, wenn es die böse Zeiten verstatten und die Kosten nicht dazu mangeln.

Mit den Annalen hat es ungefähr dieselbe Bewandtnis als mit der Moralchronik. Auch in den übrigen Werken, besonders im Schauplatz und der Kriegschronik, ist von auffallenden Witterungsverhältnissen, seltsamen Erscheinungen in der Natur, prodigiösen Luftzeichen, Erdbeben u.s.w. häufig die Rede. Die Annalen aber waren eigens zu diesem Zwecke angelegt und daher viel reichhaltiger in dieser Beziehung. Das bezeugen die Zitate : Schaupl. S. 326, 337, 393, 413, 422, 848, 853.

* * *

9. Nachrichten über das Bergstädtlein Scheibenberg

Die Echtheit dieser kleinen Schrift, von welcher sich eine nur 27 Quartseiten umfassende Abschrift im Besitze des Herrn Stadtrat Schreiter zu Elterlein befindet, kann nur aus sich selbst erwiesen werden, da es an Zeugnissen über dieselbe fehlt. Selbst die späteren Chronisten Scheibenbergs, Oesfeld und Dietrich wußten nichts von deren Vorhandensein.[Oesfeld und Dietrich haben beide das Pfarramt zu Scheibenberg bekleidet, ersterer neun Jahre lang, von 1760 bis 1769, dann kam er als Pastor und geistlicher Inspektor nach Lößnitz, letzterer vom Jahre 1832 bis zu seinem Tode.]
Sobald man Schauplatz und Kriegschronik zur Vergleichung heranzieht, hält es nicht schwer, etwaige Zweifel zu beseitigen, daß wir es hier wirklich nach Inhalt und Sprache mit einer Schrift M.Lehmanns zu tun haben. Sie enthält eine Schilderung der Verhältnisse des Ortes während der ersten 150 Jahre seines Bestehens, ist also eine willkommene Ergänzung zu den genannten Chroniken von Oesfeld und Dietrich, in welchen darüber nur ganz wenig geboten werden konnte , da die nötigen Unterlagen später verloren gegangen waren. Der Inhalt ist kurz folgender :
Das Städtlein Scheibenberg, das seinen Namen a situ (nach seiner Lage) erhalten hat, ist 1522 von Herrn Ernst von Schönburg mitten im dicken

Buchen- und Tannenwalde angelegt worden zur Unterkunft für die in der Fundgrube Kaspar Klingers arbeitenden Bergleute, welche bis dahin in fünf Waldhäusern vor dem Schlettaer Walde untergebracht waren. An Privilegien erhielt das Städtchen 1524 die Gerichtsfreiheit, 1539 zwei Jahrmärkte, 1531 die Bergfreiheit, welche 1566 auf dem Landtage zu Torgau ratifiziert wurde, 1536 durch den päbstlichen Dekan zu Glauchau die Kirchenfreiheit, die jedoch 1599 eingeschränkt wurde in die Berechtigung, Schuldiener und Gerichtsschreiber (also keine Priester) zu vocieren(berufen). Nachdem am 17.April 1539 der dem Protestantismus feindlich gesinnte Herzog Georg der Bärtige von Sachsen, der Vormund der von Ernst von Schönburg (gest. 1534) hinterlassenen Söhne, gestorben und das Land an Herzog Heinrich den Frommen gefallen war, wurde wie anderwärts so auch in Scheibenberg die Reformation eingeführt, wobei als Kommissarien fungierten Herr Melchior von Crentzen, Kaspar von Schönberg, Rudolph von Rechenberg und von Theologen Dr. Justus Jonas zu Halle und Dr. Georg Spalatinus*. Es folgen Nachrichten über Erbauung und Umbau der Kirche, welche mutmaßlich St. Johanni gewidmet gewesen sei, Kircheneinkünfte, über die Pfarrwohnung (1553 neu gebaut mit den Kosten von 500 Thlr. laut Kriegschronik S.717), Schule und des Schulmeisters Einkommen, das anfangs vier Groschen wöchentlich betrug und sich bis zum Jahre 1650 auf vierzehn Groschen steigerte, über die vier Rathäuser, welche Scheibenberg nach einander besessen habe; ferner über die Konfirmation der Handwerker- und Mäurerinnung 1620 durch Johann Georg I., über die 1537 erlangte Bierfreiheit, über die Schützenfreiheit und die erste Errichtung einer Vogelstange (1526), wobei wir erfahren, daß "der letzte silberne Vogel, welcher 60 Lothh gewogen, anno 1639 mit nach Schweden geflogen sei, gestalt die bedrängte Gemeinde solchen vor 20 Thaler zur Ranzion* hingeben müssen." (bestätigt durch die Kriegschronik S.527) Einkünfte hatte die Stadt aus dem Bergwerke, den Schmelzhütten, der Mühle vor dem Schlattaer Walde, dem Brauhause, aus dem Salzkasten, der Fleischbank, vom Brotbacken u.s.w. Zahlreiche Bestätigungen im Schauplatz findet namentlich das über des Erdreiches Fruchtbarkeit, Wasser, Obst, und Gartenfrüchte und die gesunde Luft des Städtchens mitgeteilt : "Der Grund und Boden ist noch ziemlich fruchtbar, auch findet man eine schwartze salpetrische Damm-Erde, so dem holländischen Torf gleich kommt, welches die Einwohner Moth nennen und zum Schmeltzen nach Annaberg verführet worden, davon die Mothschuppen den Nahmen haben, das Wasser ist lauter und gesund, (besonders gesund war das Röhrwasser des Pfarrtrogs laut Schaupl.S.253), eröffnet und zermalmet den Tartarum (Weinstein), dahero auch das daraus gebraute Bier leicht und gesund ist und stark auswärts geführt wird. Die Obst-und Gartenfrüchte gerathen ebenfalls wohl,

und wird sonderlich das Kraut in Menge erbauet. Nicht weniger ist auch die Luft gesund und rein, so von denen Winden beständig gesäubert, dahero auch Gott Lob ! gar selten morbi contagiosi sich ereignen können, und die Einwohner ein ziemlich hohes Alter erlangen, und ist angemerckt worden, daß 15 Manns-Persohnen zusammen 1258 Jahr [83,9], 15 Weibspersohnen aber 1266 Jahr [84,4] gelebt."
Die Plebiscita und eines ehrbaren Rats alte Statuta, die zu Lehmanns Zeit noch in Kraft standen, waren 1523 "außm Buch Holtz" geholt und 1542 durch die Obrigkeit ratifiziert worden. Unter ihnen befindet sich manches Interessante, z.B. wenn es untersagt wird, Kirchen und Geistliche zu verletzen oder derselben Gebäude zu beschädigen, den Geistlichen übel nachzureden, Gott zu lästern, aus den Bußpredigten zu bleiben, unter den Predigten Branntwein oder Bier zu trinken oder gar zu spielen, in der Kirche sich zu drängen oder zu schlagen, *nicht Hexerei mit Sieb und Schüsseln zu treiben,* an dem Tage, an welchem man kommuniziert, in die Zeche zu gehen, viel weniger sich zu schlagen; im Rathause sich den Gerichten zu widersetzen bei 20 Groschen Strafe, Richter und Schöppen eines falsi zu bezichtigen (40 Gr.), oder Hand an sie zu legen (24 Gr.), einander vor Gericht zu injurieren* (20 Gr.) oder Lügen zu strafen (5 Gr.), Gott zu lästern (1 Thlr.), dem andern zu drohen (20 Gr.) aus dem Gehorsam zu gehen (12 Gr., mit dem Büttel zu

saufen oder zu spielen (10 Gr.), vor den Gerichten uneingestellt zu erscheinen (5 Gr.); oder wenn die Böttger bei 10 Thlr. Strafe verwarnt werden, alle zugleich aus dem Städtel zu gehen, oder die Bäcker angehalten werden, das Brot recht auszubacken (10 Gr.), die Fleischhacker nicht Lung und Leber oder Schöpsköpfe mitzuwiegen (20 Gr.) "die Finger auch nicht mitzuwiegen- *bey Strafe des höllischen Feuers!*" Den Schluß bildet eine Aufzählung der Gerichts- und Schreibergebühren im Bergstädtlein Scheibenberg.

Die letzte in dem Schriftchen vorkommende Jahreszahl ist 1679, somit ist es ziemlich gleichzeitig mit der Kriegschronik (1677) abgeschlossen worden.

* * *

10. Descriptio Nigromontana

Das Gedicht, welches in 364 fließenden lateinischen Hexametern die Geschichte und Beschreibung der Stadt Schwarzenberg enthält, ist 1731 von **Schöttgen und Kreysig** in ihrer diplomatischen und curieusen Nachlese der Historie von Obersachsen, 5.Teil, S. 529-546 veröffentlicht worden unter dem Titel : Christian Lehmanns, Pfarrs zu Scheibenberg, Lateinisch carmen vom Städtgen Schwarzenberg. Also auch hier bei dieser zuletztgenannten kleinen Schrift wiederholt sich dieselbe Erscheinung wie beim Schauplatz und in der Bergchronik: nicht die Arbeit eines einzelnen Gelehrten ist es, sondern die einer **Gelehrtenfamilie .**

Werfen wir noch einen *kurzen Rückblick* auf diese reiche vaterländische Literatur, welche wir in der Hauptsache dem Fleiße eines einzigen Gelehrten zu danken haben! Wenn wir absehen von den beiden kleinen Arbeiten über Scheibenberg und Schwarzenberg, wenn wir auch die hundert Episteln, sowie die Annalen als minder wichtig bezeichnen wollen, so bleiben immer noch sechs große Werke von hoher Bedeutung übrig : Kriegschronik, Schauplatz, Bergchronik, Kirchenhistorie, Topographie und Moralchronik! Fast will es unmöglich erscheinen, daß ein Geistlicher eine so außergewöhnliche schriftstellerische Tätigkeit entwickelte, ohne seine Berufsarbeit darüber zu vernachlässigen. Daß dies nicht der Fall war, hat die Geschichte seines Lebens uns hinlänglich gezeigt, besonders die letzten 21 Jahre seiner Amtsführung, in denen er, obwohl der Unterstützung dringend bedürftig, sich dennoch nur im äußersten Falle Erleichterung gönnte.

Das Erzgebirge hat gerechte Ursache, stolz zu sein auf seinen Christian Lehmann. Weder vor ihm noch nach ihm hat es ein mit gleicher Gelehrsamkeit Ausgerüsteter unternommen, das ganze Gebirge in allen seinen Beziehungen so gründlicher und vielseitiger Forschung zu unterwerfen. Die einstimmige Anerkennung, welche ihm von seinen jüngeren Zeitgenossen zu teil wurde, war nicht mehr als wohlverdient. Daß sein kostbarer handschriftlicher Nachlaß dennoch ein Jahrhundert lang in Vergessenheit geraten konnte, darf uns nicht Wunder nehmen, da man ihn ja verloren glaubte. Gewiß wird die hervorragende Bedeutung dieses Mannes für das heimatliche Gebirge aufs Neue die gebührende Würdigung finden, sobald sich nur erst das allgemeine Interesse seinen Schriften wieder zugewendet hat. Sie sind durch ihren Inhalt, sowie durch die gewandte und dabei echt volkstümliche Darstellung desselben dazu berufen, die Grundlage einer vaterländischen Hausbibliothek für das Erzgebirge zu bilden, welche dem Laien Belehrung und Unterhaltung, dem Gelehrten vielfache Anregung zu selbständigem Forschen bieten würde. Möchte die vorstehende Untersuchung der Verwirklichung dieses Zieles förderlich sein, möchte sie zunächst vor allem dazu beitragen, einer oder der anderen der zur Zeit noch vemißten Handschriften auf die Spur kommen !

Kulturgeschichtliches aus Christian Lehmanns Sittenchronik

Nach der Handschrift zusammengestellt von Friedrich Sieber

... Die Gliederung, die Christian Lehmann dem Stoffe gibt, beruht durchaus auf heimatlicher Grundlage: er verwendet für einen großen Teil des Buches die Bilder der Emporkirche der St.-Anna-Kirche zu Annaberg als Einteilungspunkte. Als Beispiel mögen die Überschriften dienen, unter denen er alles erzählt, was die Weibsbilder betrifft. Die Überschriften sind knapp und oft witzig.

Im ersten Feld steht ein Jungfräulein von zehn Jahren mit einer Wachtel. Die ist laut und geläufig wie die Mägdlein.

Das zweite Feld malet ein Weibsbild von zwanzig Jahren. Tauben sind schön, ihre Farbe spiegelt sich am Hals und an den Flügeln.

Im dritten Feld steht ein Weibsbild von dreißig Jahren und neben ihr eine Agelster (Elster). Elstern sind merksam, gelehrig und lernen wohl schwatzen.

Das vierte Feld malet eine Matrone von vierzig

Jahren und hat bei sich einen Pfau, ein Bild der Hoffart an Weibsbildern. Elstern und Pfauen sind ein Bild der Torheit, haben kleine Köpfe und lange Schwänze, wie teils Weibsbilder wenig Witz und lange Kleider haben.

Das fünfte Feld malet eine Matrone von fünfzig Jahren mit einer Henne, ob curam familiae und liberorum (wegen der Sorge um die Familie und um die Kinder).Hühner sind fruchtbar und bringen viel Hühnlein mit. Die obererzgebirgischen Weiber auch.

Im sechsten Feld stehet eingehauen eine sechzigjährige Matrone mit einer Gans. Gänse bleiben gern um ihre Höfe und suchen ihre Nahrung im Wasser und auf dem Lande. Häusliche Weiber auch.

Im siebenten Feld steht eine Matrone von siebzig Jahren und hat bei sich einen Geier.

Im achten Feld steht eine achtzigjährige Matrone mit einer Nachteule, die ist unrein im Gesetz und den Juden verboten zu essen. Sehr alte Weiber taugen nicht im Ehestand zu Tisch und Bett.

Im neunten Feld stehet eine verlebte Matrone mit einer Fledermaus, die deutet auf ihren Abscheu, sind halb Vogel und halb Maus, drum zu nichts zu gebrauchen. Alte Weiber machen auch wenig Freude.

Im zehnten Feld stehet nichts, da ist vitae terminus (Lebensende) . Jedoch haben ihrer etliche das hundertste Jahr überlebt. -

Als weitere Überschriften, unter denen einschlägige Geschichten vereinigt sind, tauchen die Tugenden auf (Gerechtigkeit, Mäßigkeit, Geduld, Hoffnung, Tapferkeit, Liebe, Treue), und die einzelnen Teile des Scheibenberger Bergaltars, der 1579 unter Elias Werner gemalt wurde. (Christus, St. Thomas, St. Petrus, St. Andreas, St. Bartholomeus usw.) Einige Proben, die kulturgeschichtlich lehrreich sind, mögen uns veranschaulichen, in welcher Art die Sitenchroni erzählt. Bei aller Anlehnung an die Vorlage wurden Änderungen der Rechtschreibung oder gelegentliche Kürzungen vorgenommen.

1. Zur Sittenkunde im Allgemeinen

Tracht : Anno 1625 lebte ein ehrbarer und vermögender Bürger in der Schlotta (Schlettau) mit Namen Michel hieß. Dem war die damalige närrische Tracht der jungen Gesellen, die pauschigte Hosen über den Knien und Rosen unter die Knie gebunden trugen, und die der Jungfern, die weite Röcke mit großen Wülsten trugen, darauf sie ihre Arme legen konnten, ein

Greuel im Auge. Ließ derowegen mit Gunst der Geistlichkeit eine Tafel bereiten, und auf der einen Seite ein paar solcher Leute wie zum Tanze, auf der anderen Seite zwei Totenbilder malen, darunter schreiben: Das, was ihr seid, das waren wir, das, was wir itzt sein, das werdet ihr. Und solche an ein Örtlein oben an der Kirchendecke in der Mitte anhängen. Die schwebete fort auf beiden Seiten, wies bald das Leben, bald den Tod, bald die stolze Tracht, bald Todesmacht. Doch ist die Tafel beim jüngsten Brande Anno 1659 auch mit zu Asche geworden.

Anno 1613 wohnte zu Elterlein ein Schlosser, Pancratius Cottmann. Der war bei seiner Armut stolz und hielt seine Töchter gar zierlich in der Kleidung, daß er deswegen von andern Bürgern gemieden oder vielmehr verachtet wurde. Nun kam zu Hans Halger, einem Schneider daselbst, ein junger Bürger, der gerne mit Tauben handelte, und als er Nachfrage hielt, wo Tauben zu verkaufen oder zu vertauschen wären, wies ihn der Schneider zu dem stolzen Schlosser, der so viel auf seine Kinder hielt. Der Taubenkrämer geht hin und fragt, ob er Tauben zu verschachern hätte. Der Schlosser merkt, daß es ein angestiftet Ding ist, heißet ihn niedersitzen und ein wenig warten. Da läßt er drei seiner Töchter in die Stube treten und spricht:"Das sind meine Tauben, da leset aus!" Und damit nimmt er auch den Stecken und treibt den Taubenkrämer zum Hause hinaus.

Arbeit : Wie klug und scharfsinnig die Weibsbilder in diesem Gebirge sind, beweist ihre Kunst im Klöppeln und der Augenschein, indem sie nicht allein aller Muster Aussehen nachmachen und künstlich wirken, heften und drehen, sondern auch selbst schöne Modelle und Muster aussinnen, mit Gold und Silber klippeln, sticken und nähen, daß sich menschlicher Witz muß darüber wundern.

Als der Dr. Karlstadt zu Wittenberg anfing, die Bilder zu stürmen und predigte, es müsse jedermann arbeiten und sein Brot selbst verdienen im Schweiße seines Angesichts, hat er damit verursacht, daß viele Münche und Studenten nach Joachimsthal und nach anderen Zechen gelaufen sind, am Haspel und Hunt gezogen haben und die Bergarbeit fördern halfen.

Anno 1669 hat noch gelebt Michel Kneipper, ein Bürger zu Buchholz, eines Komödianten oder Puppenspielers Sohn, hat eine zeitlang im Kriege gedient, und weil nach erlangtem Frieden sein Kinderwerk nicht tragen wollte, legte er sich 1664 auf die Kräutelei, kocht Tränke, besieht das Wasser und gibt sich aus für einen glückseligen Arzt. Darüber kommt er in Beruf (in Ruf) und zu solchen Mitteln, daß er sich ein neu Haus bauet, viele hundert Gulden sammelt und durch andrer Leute Krankheit gar gesund wird.

Begräbnis : Anno 1663 freite ein junger Fleischer, Johann Nobis in Wiesenthal, des

Pfarrers M. Petri Adami Dietzens Tochter. Er starb aber vor dem Verlöbnis und wurde den 2. Juli am feste Maria Heimsuchung gar zierlich zu Grabe getragen, im Sarge aufgedeckt, in einem perlenen Kranz, von acht Junggesellen getragen, die alle grüne Kränzlein aufhatten, mit weißen Flämmchen verziert, nach ihrem Brauch.

Wie tief das bergmännische Wesen damals das Denken der Erzgebirgler durchdrang, zeigt ein Sterbegespräch zwischen Vater und Sohn, das 1663 zu Ehrenfriedersdorf gedichtet wurde. Es lautet so:

"Herzlieber Vater mein, ins Finstre fahrt ihr ein,
Da Zwitter ist noch Erz, da Wurm und Schlangen sein."

"Einfahren tut der Leib, die Seel fährt auf daraus,
Auch selbst der Leib ausfährt, wenn Christ ihn pocht aus.

Christus, der ist mein Fahrt, das Grubenlicht sein Wort,
Der Himmel ist's Gebirg, Freud ist die Ausbeut dort.

Von Gold die Bergstadt ist, da golden ist die Zeit,
Des Himmels Gang wohl hüt', da lauter Fröhlichkeit.

Ich sag, mein Sohn, fürcht' Gott, an ihm der Treu sei voll,
Ein Kux du haben sollst. Nun Sohn, gehab dich wohl."

Verschiedenes : Anno 1627 starb im Gefängnis Martin Greth, ein Schmied von Crottendorf, der sich beim Kurfürsten Johann Georg dem Ersten bestellen ließ zu einem Ausspäher und Verräter der Wildschützen auf den böhmischen Wäldern, zog heimlich an den Grenzen herum und bekam für jeden, den er einbrachte, hundert Gulden, die er rücklings nehmen mußte weil es Blutgeld war.

Anno 16. stand zu Gevatter in einem Dorfe nahe Rückerswalde bei Annaberg die Richterin bei einem Soldatenweib. Weil sie am Altar in der Kirche sah, daß die Jungfrau Maria nackend ihr Jesulein auf dem Arme hielt, wurde sie gegen dasselbe mit Andacht bewegt, daß, sobald sie das christliche Werk vollzogen hatte, sie dem Jesulein ein Häubchen und Hemdlein machte und es damit anzog, damit sich's nicht so schämen dürfe. (Bei dieser Geschichte, die die fromme Gläubigkeit der Gebirgler zeigt, denken wir wohl an das Bornkinn'l zu Zwönitz, das auch von Zeit zu Zeit neu gekleidet werden muß.)

2. Zum Aberglauben

Anno 1583 , den 5. Juli wurde Katherina, Christoff Prels Wittib in der Lößnitz, verbrannt, weil sie in der peinlichen Frage bekannte, daß sie den Drachen gezogen und mit dem Teufel gebuhlt habe. Man führte sie auf dem Kamm (?) zum Scheiterhaufen.

Anno 1598 zum Scheibenberg konnte eine Unhöldin nicht ersehen, wie zwei Eheleute so sehr in Frieden lebten. Sie streute Zaubersamen zwischen sie, und sie wurden sich gram.

Anno 1640 hatte ein Schmiedegeselle, Clemens Abendroth, seinem Wirte ein Fäßchen Butter entwendet. Der Tat wegen kam ein andrer Hausgenosse in Verdacht, der Maurer Georg Feiereisen. Der nimmt drei Deckel, läuft damit nach Böhmen zum Sacher Veit, einem argen Zauberer, läßt sich den Dieb im Kristall zeigen. Dann handelt er mit ihm, wofern er den Dieb abstrafen würde, so wolle er ihm dafür so und so lange mauern. Sein Mitmeister wehret ab, Gott möchte ihn dafür strafen, aber er läßt sich nicht warnen. Und Abendroth bekommt Reißen in allen Gliedern, wird krumm und lahm, untüchtig zur Arbeit und bettelarm. Treibet's vier Jahre, und nach unsäglichen Schmerzen stirbt er endlich 1644. Aber als er tot ist, fängt Feiereisen an zu kranken und findet ein ganz unglückliches Ende.

Anno 1669 hat zum Scheibenberg gelebt ein frommes Weib, Michel Flemichs, war aber gar blaß, bleich und gilbig (gelb), denn ihre Mutter hatte sich mit ihr an einer Leiche versehen.

Anno 1613 hatte Hans Schürer zu Crottendorf seine Tochter von acht Jahren im Walde verloren und binnen dreizehn Tagen nicht finden können, bis sie eine Köhlerin von Neudorf im Walde angetroffen und heimgeführt. Auf die Frage, was sie denn gegessen und getrunken habe, hat sie geantwortet, es hätte ihr ein Männlein täglich eine Semmel und Trinken gebracht. Diese Tochter ist etliche Jahre darauf gestorben.

Anno 1655 , den 12.März, hatte Paul Schmidt, ein Gerber zu Elterlein, auf einem Schiebebock eine Fuhre Leder geholt zu Schwarzenberg mit seinem Sohne. Hatte seinen Sohn vorgespannt. Er verspätete sich und kommt des Nachts auf die Heide nicht weit von der Oswaldkirche auf den Weg,
der nach Elterlein zu gehet. Da begegnet ihm ein Trupp weißer Pferde, die mit weißen Bürden beladen sind, und er meint nicht anders, als mehrere Leute aus der Nachbarschaft wären es, die etwa wegen eines Kriegstumultes ausrissen. Drum tritt er auf den Weg und ruft ihnen zu: "Ihr Leute, wo aus, was ist vorhanden?" Doch sie antworteten nicht, reiten immer fort. Der Vater und Sohn verkriechen sich, und bald kommt wieder ein Trupp, an welchem man weder Köpfe noch sonst etwas Natürliches hat sehen können, gleich als wären es Weibspersonen. Und nachdem sie vorüber, fahren Vater und Sohn fort in Furcht und Angstschweiß.

Anno 1670, den 30. September hatte Christoph Krause, Bürger zu Jöhstadt, seinen dreizehnjährigen Sohn Theodorus in Verrichtung nach Arnsfeld geschickt. Als der Junge wieder zurück nach Grumbach zu kommt, begegnet ihm sein Pate, ein Hammerherr, der zwei Jahre zuvor gestorben war, erst in Gestalt, wie er ihn im Sarge angezogen gesehen hatte. Der Pate sieht ihn an und spricht:" Siehe Pate, bist du's stehet mein Hammer noch, ist er nicht weggebrannt?" Der Knabe erschrickt, schüttelt den Kopf, eilet desto mehr auf dem Wege. Das Spectrum (Gespenst) ist bald vor und bald hinter ihm und brummelt was, das er nicht verstehen kann, und dreimal verändert das Gespenst seine Kleidung. Wie der Knabe über Grumbach kommt, fängt es wieder an zu reden:"Ach, wie müde bin ich, wenn mich doch jemand trüge! Pate, geh in meinen Hammer, an dem Orte wirst du Geld finden, dir ist's beschert!" Und damit deucht dem Knaben, als wenn er Geld vor sich schimmern sähe. Als er dem Städtlein Jöhstadt nahe kommt und zuvor durch ein Büschchen gehen muß, da fängt ein Lärmen an. Das ganze Büschlein ist voller Männer, alle ganz schwarz, die den Hammermeister umringen. Bald verwandeln sie sich in große rote Hirsche, daß der Knabe nicht weiß wo aus noch ein. Bald hört er einen Mann kommen. Der hat eine Rute in der Hand und droht damit den Gespenstern und den Hirschen. Darauf geht der Knabe fort, die Hirsche verlieren sich, und nur der Hammerherr bleibt bei ihm und begleitet ihn noch ein Stück Wegs. Ehe er sich von ihm verabschiedet, lehnt er sich noch einmal über den Knaben und sieht ihn scharf ins Gesicht und geht murmelnd einen anderen Weg. Der Knabe kommt Heim, klagt's den Eltern und wird darauf acht Tage lang krank, hat auch die Geschichte dem Ortspfarrer ausführlich berichtet (aus dessen Munde hat es Christian Lehmann erfahren).

3. Vom Bergwerk

Anno 1532 hatte Andreas Reichel, ein Bürger zum Scheibenberg, eine fündige Zeche, deren Gang durch den Gottesacker strich, ausgeheuert und eine Zeit lang mit gutem Nutzen gebaut. Nachdem er aber drüber verstorben und eine gar einfältige Tochter hinterlassen hatte, schwatzten dieser etliche eigennützige Bergleute ihres Vaters Zeche um ein Geringes ab, versprachen ihr einen neuen Rock und ein Paar Schuhe zu geben, sobald sie Ausbeute gehoben. Als sie aber die Zusage gegen das arme Mensch vergaßen, ist sie etliche Wochen hinaus zur Zeche gegangen, ist darneben niedergekniet und hat die Mutter Anna gerufen, daß sie diese Untreue an ihr strafe und mit ihrem blauen Mantel alle Anbrüche auf dieser Zeche verdecken wolle. Darauf soll sich alles abgeschnitten haben und ist seither, so oft die Bergleute darauf geschlagen, nur eine verbrannte Schwärze gefunden worden.

Weil die Alten gesagt, es stehe eine güldene Säule im Scheibenberg, so haben nicht allein die Waltersdorfer durch einen Stollen, sondern auch die Scheibenberger gesucht durch einen Schacht oben auf dem Berg und die Zeche genannt zur "Güldenen Säule". Dabei hat sie der Satan oft geblendet, als hätten sie solche gesehen und darauf getroffen, aber es ist alles umsonst, die goldene Säule ist auf dem Zug (?) schon gefunden worden und bis an den Berg hat sich alles zertrümmert. Anno 1628 bauen Hans Lange und Georg Friedel auf der Zeche am Oswaldsbach, das Osterlamm genannt, mit großer Gefahr und Furcht, daß sie oft des Lebens nicht sicher waren, denn es ließen sich sehen zwei weiße Männchen, die ihnen das Beil hielten, das Gezähe verrückten, das Grubenlicht ausdrückten, mit Steinen warfen. Die Zeche an sich selbst ist wassernötig und das Gestein feste, daß man mit Feuer hitzen muß, darvon der Schwaden entsteht, der zwei Elterleiner getötet hat. Und so ist die Zeche ganz liegen blieben.

Auf der St.-Hieronymus-Zeche auf dem Abertham war's sehr unsicher und ließ sich sehen ein Mönch oder Bergteufel mit einem Grubenlicht, so groß wie ein Scheffel, und sperrte sich oft über das Mundloch, daß ihm der Steiger mußte durch die Beine fahren

Auf der Behrischer(?) Zeche (ist eine Zwittergrube) wurde ein Bergmann Namens N. von einem grausamen Spectro (Gespenst) in Gestalt eines schwarzen Mönchs gedrückt, daß er ein miserabler Mann blieb und an den Bettelstab kam.

Auf der St.-Georgen-Zeche zu Schneeberg ging ein solch Bergteuflein in einer schwarzen Kutten um, zog einst einen Arbeiter mit den Haaren in die Höhe, nicht ohne Gefahr seines Lebens. Doch durfte es ihn nicht gar erwürgen.

Zum Annaberg kam ein Weib zum Herrn Georg Seidel, Lizentiat der Theologie und Superintendent daselbst, verklagte ihren Eheherrn. Beschuldigte ihn, er hätte sie nun über's Jahr verlassen, gäbe ihr nichts als grausame Flüche, hieße sie nur die alte Blitzhure und fluchte den Arbeitsleuten also, daß sich darüber möchte die Erde auftun; und das hätte er neulich getan eben zu der Zeit, da er hätte wollen zur Beichte gehen. Als nun der Hammerherr deswegen bei dem Superintendenten vorgestanden und des Fluchens halber einen Verweis bekommen, hat er den Hut in die Hand genommen und angefangen das Vaterunser zu beten und darauf gesagt : "Hochachtbarer Herr Superintendent, wie ich nun so gebetet habe, was werde ich wohl geschaffen haben? Ich kann oft mit Fluchen nichts ausrichten, geschweige denn mit Beten. Wer hammerwerken will, der muß fluchen !"

***

Anmerkungen

Alberti M. Albertus Magnus - oder Grotus, Gelehrter Philosoph, geb.zu Laugingen in Schwaben um 1200, Bischof von Regensburg etc., galt für einen Hexenmeister, verfaßte außer theologische und philosophische auch naturwissenschaftliche Werke.

Alumnat (einer Schule angeliedertes) Schülerheim; Internat

Alumnus Schüler eines Alumnats.

Arnheim Hans Georg von Arnheim / Hans Georg von Arnim-Boitzenburg; Heerführer, geb. 1583 in Boitzenburg /Uckermark, gest. 28.4.1641 in Dresden, ab 1613 in schwedischen,ab 1621 in polnischen, ab 1626 in kaiserlichen Diensten, seit 1628 Feldmarschall. Das Restitutionsedikt von 1626 veranlaßte ihn als strengen Lutheraner, den kaiserlichen Dienst zu verlassen; er betrieb den Plan einer unabhängigen norddeutschen Mittelpartei. 1631 wurde er Führer d. kursächsischen Heeres im Bund mit Schweden, gerieht aber bald in Gegensatz zur schwed. Politik, sa daß er 1632/33 in Verhandlungen mit Wallenstein eintrat, den er für seine polit. Pläne zu nutzen suchte. Mit seiner eigenwilligen, nicht immer durchschaubaren Politik suchte er einerseits die Erhaltung der kaiserlichen Macht zu erreichen, andererseits aber auch die Gegenreformation und die im reich wirkenden fremden Mächte einzudämmen. Nach dem Prager Seperatfrieden 1635 verließ er den sächsischen Dienst. Er wurde 1637 verhaftet, entkam und trat erneut in sächsische und kaiserliche Dienste.

Birkheimer Wilibald Pirkheimer, geb. 5.Dez. 1470 in Eichstädt, gest. 22.Dez. 1530 in Nürnberg ,Humanist, Verfasser von Streitschriften, Gedichten und Dialogen; Sammler, Herausgeber, Historiker, Förderer der süddeutschen Renaissancekunst -und humanistischer Wissenschaft, Begründer der Bobliophilie, Mäzen Dürers u. anderer Künstler, stammt aus reichem Patriziergeschlecht; stamd mitten im politischen Leben. 1488- 1495 Studium der Jura in Padua und Pavia, nach Rückkehr 1497 in den Nürnberger Rat gewählt und Mitglied bis 1523; sein Haus, das wertvolle Kunstwerke, eine bedeutende Bibliothek u. kostbare Handschriftensammlungen barg, war der Sammelpunkt der Nürnberger Humanisten u.a. Reuchlin, Celtes, Erasmus u. Hutten. Pirkheimers Wirken war von starker Diesseitsfreude u. tätigem Optimismus geprägt, er stritt gegen Scholastik, förderte Übersetzung antiker Literatur ins Deutsche. Nach anfänglichem Begrüßen lehnete er die lutherischen

Reformationen ab. Bedeutung als Schriftsteller : Apoloiaseu podagrae lans [Lob des Zipperleins] 1522 deutsch "Lob der Podagra" von Mayer übersetzt 1884. 1530 Germaniae ex variis scriptoribus perbrevis explicatio [Kurze, aus verschiedenen Schriftstellern zusammengetragene Beschreibung Deutschlands] u.a.

Bocharti Samuel Bochart, gest. 1667 zu Caen, schrieb eine Geographia sacra unter dem Titel Phaleg & Canaan.

Celtes Konrad Celtis eigentl. Bickel o. Pickel, geb. 1.Febr. 1459 in Wipfeld b. Schweinfurt, gest. 4.Febr. 1508 in Wien. Volksnaher neulateinischer Schriftsteller, Wanderlehrer von starker Ausstrahlung; bedeutender Anreger u. Förderer humanistischer bestrebungen. Sohn eines Weinbauern; studierte in Köln 1478, Heidelberg 1484, Rostock, Erfurt u. Leipzig; Leipzig1486/87 Magister; 1487 als erster Deutscher in Nürnberg zum " poeta laureatus" gekrönt. 1489-91 in Krakau Gründung d. Sodalitas litteraria Vistulana [Weichsel-Gesellschaft] ihr folgten weitere Gesellschaften, die die italien. Dichterakademien zum Vorbild hatten. Ab 1492 Vorlesungen in Ingolstadt, Wien, Regensburg, 1496 Prinzenerzieher in Heidelberg, ab 1497 Prof.f. Rhetorik, Philosophie, Geographie u. Weltgeschichte in Wien. Ausgeprägtester Typ des frühen bürgerlichen Humanisten . Plante ein umfassendes historisch-ethnographisches Werk - eine der kirchlich-reaktionären Geschichtsschreibung entgegengesetzte "Germania illustrata"- [zum Ruhme und zur Ehre Deutschlands], welches die Forschungsergebnisse d. Humanisten zusammenfassen u. ein wissenschaftl. Bild von d. deutschen Vergangenheit vermitteln sollte. Dazu erschien 1502 ein "Büchlein über Entstehung , Lage,Sitten u. Einrichtungen in Nürnberg" in lat. Sprache. (Herausg.Werminghoff 1921) und andere Werke.

confoiret confoiren,Convoyer : geleiten, davon Confoi: das Geleit, aber auch die Zufuhr an Mund-und Kriegsvorraten.

Defensioner Eine Art Bürgerwehr, gab es in Sachsen seit den Jahren 1613/14. Darüber berichtet die Kriegschronik mehr.

Im Februar 1613 begannen die Gerichte auf Befehl des Kurfürsten Johann Georg I. Leute in Städten und Dörfern auszuwählen und sie mit Gewehr und Livreen zu versehen. Von diesen wurden alsdann in den Ämtern im Beisein des Hauptmannes, Amtschössers und Feldwebels durch Würfeln 8000 Mann ausgelost, aus welchen 2 Regimenter Infanterie gebildet wurden. Jedes Regiment bestand aus 8 Fahnen, jede Fahne aus 5oo Mann. Zu dem Zwickischen Regiment unter dem

Obristen Karl von Goldstein welches die Hauptfahne erhielt, gehörten aus dem Gebirge 286 Mann, auf das andre Regiment unteruner dem Obristen Pflug von Gersdorf welchem auch das Freibergische Fähnlein angehörte, kamen 220 Gebirger. Die Generalmusterung dieser Regimenter fand bei Merseburg bzw. bei Mühlberg statt; doch auch die Nichtausgelosten mußten daheim in Bereitschaft stehen, sich in den Waffen üben und wurden ebenfalls von Zeit zu Zeit gemustert.

Dexterität [lat] Gewandheit

Diskretionsgeld Eine Summe Geldes, durch deren Erlegung man in Kriegszeiten Schonung erlangen sollte.

Ephorus [griech.lat.] Leiter einer Ephorie, Kirchenbezirks

Episteln Briefe, auch als literarische Stilform

Erdhenne Bisweilen wird ein Trauerfal durch das Schluchzen und Scharren eines gespenstischen Huhns, der Erdhenne, angedeutet, oder auch durch ein unsichtbares Heulgespenst oder Heulding, dessen kläglisches Winseln man nur hört.

Erudition [frz.] Gelehrsamkeit

Famulus [lat.] Student als Helfer eines Hochschullehrers.

Feuerschwalben Zeigen ein bevorstehendes Brandunglück an, wie es im Schauplatz S. 786 von ungewöhnlichen Rebhühnern erzählt wird.

Fludern breites viereckiges Brettgerinne zum Durchlaufen des Wassers im Berg- und Mühlenbau.

Gütgen Hausgeist, auch Jüdel, Güttel oder Gittel genannt, Vergl. dazu Jac.Grimm, Deutsche Mythologie, 2. Ausg. S.449; der Güetel mit guote holde, penates identifiziert. Dort wird (nach Burcard von Worms) des abergläubischen Gebrauches gedacht, den Hausgeistern (auch hier Jüdel genannt) in Keller und Scheune, Spielsachen, Schuhe, Bogen und Pfeile hinzulegen. Vergl. auch Köhler, Volksbrauch, Aberglauben, Sagen etc. im Voigtlande, Leipzig 1867, S. 476 aus reichenbach mitgeteilte Erzählung vom Heugütel.

Hamadryades Baumnymphen

Hamelische Kinder Anspielung auf die Sage vom Rattenfänger zu Hameln.

Happel Eberhard Werner Happel, geb. 12.Aug. 1647 in Kirchhayn /Hessen, gest. 15.Mai 1690 in Hamburg; Romanschriftsteller,

Sohn eines Predigers, 1663-65 studiert er in Marburg Jura, muß aus materiellen Gründen das Studium abbrechen. Arbeitet als Redakteur, Lehrer u. Schriftsteller, zuletzt in Hamburg. Ab 1673 brachte er 12 Romane auf den Markt, insgesamt verfaßte er 33 dickleibige Bücher; Liebes-u. Heldenromane, Kriegsromane und sogenannte "europäische Geschichtsromane. Als Hauptwerk : "Der akademische Roman, worinnen das Studentenleben fürgebildet wird ... (um 1690) 1913 gekürzt herausgegeben von R.Schacht, bearbeiteter Neudruck 1962. Vermutlich erste Romane in Deutschland überhaupt.

Holcke Heinrich Graf von Holk geb. in Kronborg (bei Helsingor) am 28. April 1599 , gest. am 9.Sept. 1633 in Troschenreuth (heute zu Triebel/Vogtl.); in dän.,seit 1630 als Oberst in kaiserl.Diensten, nahm an der Zerstörung Magdeburgs (1631) teil, wurde General unter Wallenstein und stellte 1632 ein nacxh ihm benanntes, in der Folge gefürchtetes Reiterregiment auf. Nach der Schlacht bei Lützen (1632) zum Feldmarschall ernannt und 1633 in den Reichsgrafenstand erhoben; verwüstete wiederholt Sachsen.

Holzapfel eigentlich Peter Melander Reichsgraf von Holzappel, geb. 1585 in Hadamar, gest. 17.Mai 1648 bei Zusmarshausen ; 1625-1633 in venezianischen Diensten; trat 1642 zum Kaiser über, wurde Oberkommandierender d. kaiserl Armeen; fiel in d. letzten Schlacht des Dreißigjährigen Krieges.

Homiletik [griech.] Die Lehre von der Gestaltung der Predigt .

Induration[lat.] Gewebs-oder Organverhärtung infolge Bindegewebsvermehrung; indurieren : Verhärten z.B. der Haut.

injurieren beleidigen

Investitur [lat.] Einweisung in ein (kirchliches) Amt .

Johann Christoph Johann Christoph Moyses von Kyhrberg , war Stadtschreiber in Zschopau, dann Juris practicus in Joachimsthal, 1650 wurde er mit den übrigen dort ansässigen Protestanten durch kaiserliche Execution vertrieben, gest. 1659 .(Schaupl.S.852)

Jüdel siehe unter Gütgen

Jurisprudenz Rechtswissenschaft

Klagemutter Winselmutter, Klagefrau oder Wehklage, kommt in den Sagen des Erzgebirges und dem Vogtlandes vor. Sie geht vor das Haus, wo ein kranker liegt und fängt an jämmerlich zu heulen. Will man wissen, ob derselbe stirbt oder nicht, so wirft man vor die Türe von oben herab ein Tuch des Kranken; darauf hört die Klagemutter zu heulen auf, nimmt sie das

Tuch mit fort, so stirbt jener, läßt sie es liegen, so bleibt er am Leben.

Klippelwerk ein Pochwerk, in welchem die durch den Bergbau gewonnenen Erze durch Klippel, senkrecht niederfallende Balken, zerstoßen wurden. Der Ausdruck scheint veraltet zu sein. Später verstand man unter Klippelwerk eine in ganz armen Dörfern noch jetzt vorkommende Bauart der Häuser, nach welcher Holzscheite zum Aussetzen der Zwischenräume im Säulenwerk oder auch in Verbindung mit Lehm und Stroh zur Herstellung der feueressen verwandt wurden.

Kurrendaner lat. Currere – laufen; Schülerchöre,die auf Straßen und bei Amtshandlungen sangen, um den Unterhalt der Schüler bestreiten zu können; später Knabenchöre, die beim liturgischen Dienst mitwirkten. Zur Reformationszeit erhielten die KurrendenchöreBindung an die Kirche.

Kutteln Beim Schlachten anfallende Gedärme samt Wanst und Magen.

lestern lestern von Last abgeleitet, vergl. mhd. lestern, belasten , belästigen, quälen .

Licentiat Lizentiat, mittelalterlicher akademischer Grad mit Lehrberechtigung , ehem. der Doktorwürde entsprechender Grad an den (theolog.) Fakultäten. (Abkürzung : Lic.).

Lotichius Petrus Lotichius- eigentlich Petrus Secundus Lottich, geb. 2.Nov.1528 in Niederzell b. Schluchtern/Hessen, gest. 7.Nov. 1560 in Heidelberg. Neulateinischer Lyriker, wuchs in Frankf./Main au; ab 1544 Studium d.Medizin in Marburg, dann d. Philologie in Wittenberg (bei Camerarius u. Melanchton). 1546 flucht mit Melanchton nach Marburg; Teilnahme am Schmalkaldischen Krieg unter Kurfürst Johann Friedrich. 1547 erneut in Wittenberg; 1550 Frankreich-Besuch und Vorlesung an der Pariser Universität; in Montpellier 3-jähriges med. Studium, dann Studium in Padua u. Bologna, 1557 nach schwerer Erkrankung Rückkehr nach deutschland. 1558 Prof.d. Med. in Heidelberg. Er verstand es Landschaftsbilder im Spiegel der eigenen Seele stimmungsvoll einzufangen und den Zusammenhang zwischen Mensch und Natur darzustellen. Protestant mit patriotischen Empfindungen z.B. in dem Lied "Totenopfer auf das Grab Huttens".

Lützen Stadt im preußischen Regierungsbezirk und Kreis Merseburg, denkwürdig durch die Schlacht im Dreißigjährigen Krieg. Die Schweden siegte unter Gustav Adolf am 16. Nov. 1632 über die kaiserlichen und Wallenstein. Wallenstein stand mit 12.000 Mann nördlich der Straße nach Leipzig mit der Front nach Süden, mit der Reiterei auf den Flügeln, von denen sich der rechte unter Holk an Lützen , der linke unter Gallas an den Floßgraben lehnte. Die Schweden rückten, 14.000 Mann stark, am Morgen heran u. wurden durch heftiges Geschützfeuer empfangen. Den Hauptstoß wollte Gustav Adolf mit seinem rechten Flügel führen, um den Gegner von Leipzig wegzudrängen. Die Kaiserlichen wichen allmählich zurück, Pappenheim, der, mit seiner reiterei eben von Halle eingetroffen, sich den Schweden entgegenwarf, wurde tödlich verwundet; doch Octavio Piccolomini schlug noch einmal den Angriff ab.Da führte Gustav Adolf ein neues Regiment gegen en Feind; es entstand ein wildes Handgemenge, in dem der König selbst tödlich getroffen zu Boden sank. Die Schweden, durch die Kunde vom Tod ihres Königs zur Wut entflammt, setzten unter Führung des Herzogs Bernhard von Weimar den Kampf fort. Sie trieben die Kaiserlichen aus ihren Stellungen zurück, und Wallenstein trat, gedeckt durch Pappenheims Fußvolk, das noch am Abend eintraf, den Rückzug auf Leipzig an. Auch die Schweden rückten am folgenden Tag nach Weißenfels ab. Sie hatten das Schlachtfeld behauptet, aber ihr Sieg war durch den Verlußt des Königs reichlich aufgewogen. Lange hielt man den herzog Franz Albrecht von Lauenburg , der in schwed. Diensten stand, für seinen Mörder , nach anderen soll ihn der kaiserl. Oberst von Falkenberg erschossen haben, etwas sicheres hat sich nicht feststellen lassen.

Oreades Bergnymphen

Prodigia lat. Unnatürlichkeiten

prodigiös [lat.] wunderbar, seltsam, unnatürlich, unglaublich .
purgieren [lat.] abführen, Abführmittel anwenden

Randefoi Rendezvous

Ranzion Lösegeld

Restitution Wiedererstattung, Ersatzleistung, Rückgabe widerrechtlich entzogener Sachen.
Restitutionsedikt
reyneten reinen, angrenzen

rezipiert aufgenommen, zugelassen .

rite [lat.] in herkömmlicher Weise bzw. in gehöriger Weise (akademischer Zeugnisgrad) .
Rundung Der Gottesgaber Wald war auf Anordnung Johann Georg I. in seiner Eigenschaft als Landjägermeister 1608, vom großen Hemberg als Zentrum ausgehend,wie ein Spinnrad in 10 Rundungen zu je 1200 Doppelschritt von einander entfernt, und 12 Hauptflügel abgeteilt worden; auf dem großen

Hemberg hatte man zu diesem Zwecke eine 12-eckige Orientierungssäule(auch Pflock o. Pfahl genannt) angebracht,auf welcher die Nummern der 12 Hauptflügel angebracht waren. Die vierte Rundung ging "über die Mitweyde, den Bach nach Eisenberg, beym Ochsenstall unter dem Cunertsbach ." (Schaupl. S. 128-130).

Schaube bis zu den Füßen reichende weite Überkleider .

Schwabe Magister Laurentius Schwabe, war erst Konrektor in Annaberg, hierauf Pastor in Geyer, dann von 1599-1606 Pastor in Scheibenberg, zuletzt Pastor in Stollberg.(Dietr.I, S.29)

Spalatinus eigentlich Geor Burckhardt, geb. 1484 in Spalt, gest. 1545 in Altenburg; lutherischer Theologe. Als Hofkaplan und Rat des sächsischen Kurfürsten Friedrich des Weisen war er Mittelmann zwischen diesem und Luther; er war wesentlich dafür verantwortlich, daß Luther die Unterstützung Friedrichs für die Reformation erhielt. Nach Friedrichs Tod 1525, hatte Spalatin als Pfarrer und Kirchenvisitor maßgeblichen Anteil an der Ausgestaltung der sächsischen Landeskirche.

Vocation Berufung in ein kirchliches Amt .

Voetium Gisbert Voetius, Holländer, reformierter Theologe,gest.1676,Vielschreiber,soll aber mehr Ansehen und Belesenheit als Verstand, und mehr blinden Eifer als christl.Bescheidenheit besessen haben.

Vos Alberti magni eine launige Lateinisierung von albern; also etwa : ihr großen Alberiche !

Wacken Steine aus Quarz, Sand und Glimmer .

Zeiler Martin Zeiler, gest. 1661; schrieb : 6 centuriae epistolarum , ein großes Geographisches Werk.

Zwiesel Aufgabelung der Sproßachse in zwei annähernd gleich starke Triebe, oft nach Triebspitzenverletzung; häufig bei Laubbäumen.